KB206564

찰나의 빛, 영겁의 시간

"새로운 100년을 맞이하겠습니다"

글.
지홍 스님 (월간 「불광」 발행인)

종로 대각사의 작은 방에서 시작된 월간 「불광」이 창간 50주년을 맞았습니다. 1974년 11월 발간된 월간 「불광」 창간호는 저의 은사이신 광덕 스님의 혼이 실린 호였습니다. 스님은 암울했던 한국불교의 현실을 타개하고자 바라밀운동을 제창했고, 불광 잡지를 발간했습니다.

스님은 우리 인간이 피조물이 아니라 자존자(自存者)이며 무한한 창조자임을 자각하셨습니다. 또한 민족과 조국의 영광을 드높이고자 하는 역사의식이 분명하셨습니다. 법회와 강연에서 무수히 강조하셨고, 이를 월간 「불광」에 담았습니다.

그렇게 시작한 월간 「불광」이 50년, 601호를 맞았습니다. 저희는 월간 「불광」이 창간 이후 50년 동안 단 한 번의 결호 없이 발간된 것을 자랑스럽게 생각합니다. 창간 초 광덕 스님은 발간 비용을 마련하기 위해 동분서주했고, 많은 분이 '불광 보내기 운동'에 협조해 주셨습니다. 그 결과 학교와 직장, 군부대, 병원, 교도소에서 많은 사람이 불광을 접할 수 있었습니다.

광덕 스님은 월간 「불광」을 창간한 후, '불광출판부'를 설립해 단행본 발간을 시작했습니다. 지금까지 불광출판사에서 발간한 양서가 1,000종에 다다릅니다. 많은 선지식과 여러 스님, 재가자가 불광출판사를 통해 책을 출간했습니다. 그리하여 우리 사회 불교 소양을 넓히는 데 불광출판사가 일익을 담당했다고 저희는 자부하고 있습니다.

깊은 산속 우물에서 시작한 한 방울의 불광이 도도한 강물이 되어 바다로 나갑니다. 광덕 스님의 원력은 한 방울의 물방울이 되었으며, 한국불교라는 도도한 강물에 불광은 함께해 왔습니다.

지난 50년 동안 세상과 사회, 종교는 무수히 변했습니다. 춥고 배고팠던 시절에서 부유함이 넘치는 세상을 맞이했습니다. 50년 전 사람들은 책과 잡지에서 교양과 정보를 얻었지만, 지금은 인터넷이 그 역할을 하고 있습니다. 불광 역시 부침이 있었습니다.

창간 50주년을 맞이한 불광은 새로운 100년을 준비할 예정입니다. 2016년 회사 이름을 불광출판사에서 주식회사 불광미디어로 바꾸었습니다. 불광은 종이 잡지와 책을 만드는 회사에서 더 발전해 전자책과 오디오북 발간, 강연, 인터넷을 통해서도 세상과 만나고 있습니다. 영상과 온라인 시대의 콘텐츠를 생산하고 있습니다. 이 작은 변화와 새로운 시도들로 앞으로의 불광 100년을 맞이할 것으로 기대합니다.

창간 50주년과 지령 601호를 발간하기까지 불보살님의 위덕과 많은 분의 격려와 협조가 있었음을 저희는 잊지 않습니다. 월간 「불광」을 꾸준히 구독해준 애독자, 글을 보내주신 필자, 책을 구매해준 독자, 그리고 사회 여러 곳에 불광을 보내주신 후원자 모든 분께 감사드립니다. 이분들의 격려와 지지로 저희는 50년 성상을 맞이할 수 있었습니다.

불광은 2,500년 넘게 이어온 부처님의 가르침과 역사, 문화를 계속해 알려 나갈 것입니다. 그것이 불광의 사명이며 광덕 큰스님의 원력임을 한시도 잊지 않고 있습니다.

저희는 다짐과 서원으로 창간 50년을 맞이합니다. 또한 새로운 도전으로 앞으로의 100년을 맞이하길 기대합니다. 지금껏 불광을 사랑하고 격려해주셨던 마음이 앞으로 계속되기를 부탁드립니다.

감사합니다.

2024년 11월

Messag

THE DALAI LAMA

Dear Bulkwang Media Family

I would like to extend my heartfelt congratulations on the 50th anniversary of Bulkwang Media, which has been sharing the righteous teachings of the Buddha with the world.

Traditionally, the Korean people, like some of their fellow brothers and sisters in south east Asia, are followers of Buddhism. In my interaction with Korean Buddhists over the years, I have been encouraged by your serious interest in learning more about Buddhism.

Although it is more than 2500 years since the Buddha lived and taught in India. the essence of his teaching remains as relevant today as it was then. While modern science has developed a sophisticated understanding of the physical world, Buddhist science has devoted itself to developing a detailed, first-person understanding of many aspects of the mind and emotions, areas still relatively new to modern science. I believe that a synthesis of these two approaches has great potential to lead to discoveries that will enrich our physical, emotional and social well-being. I always tell Buddhists to support their practice through study, reflection and meditation to engage in the three higher trainings of ethics, wisdom, and concentration, instead of simply relying on faith.

The Korean people have been facing challenges for the past several decades and it is my hope and prayers that a peaceful, lasting solution will be found for the crisis on the Korean Peninsula. Such a solution is mutually beneficial to ensure that people in the entire Korean Peninsula can enjoy peace, prosperity and security and thus ensure peace and stability of the world. When addressing challenges, one should not simply avoid violent actions and negative emotions, but actively develop and foster a positive, altruistic approach to life.

I greatly value the devotion of the Korean Buddhists to the Buddha Dharma and a special bond that has been developed between us will continue into the future.

With my prayers and good wishes.

June 12, 2024

달라이 라마 메시지

불광미디어 가족 여러분

부처님의 바른 가르침을 세상에 전하고 있는 불광미디어의 창립 50주년을 진심으로 축하드립니다.

전통적으로 한국인은 동남아시아의 다른 형제자매들과 마찬가지로 불교를 따르던 사람들입니다. 수년 동안 한국 불자들과 교류하면서 불교에 대해 더 많이 배우고자 하는 여러분의 진지한 관심에 큰 힘을 얻었습니다.

부처님이 인도에서 살면서 가르침을 전한 지 2,500여 년이 지났지만, 부처님의 가르침의 본질은 그때나 지금이나 여전히 유효합니다. 현대 과학이 물리적 세계에 대한 정교한 이해를 발전시켜온 반면, 불교 과학은 현대 과학에 있어 아직까지 비교적 새로운 영역인 마음과 감정의 여러 측면에 대한 상세한 일인칭 이해를 개발하는 데 전념해 왔습니다.

저는 이 두 가지 접근법을 종합하면 우리의 신체적, 정서적, 사회적 삶을 풍요롭게 하는 발견으로 이어질 수 있는 큰 잠재력을 가지고 있다고 믿습니다. 저는 항상 불자들에게 단순히 믿음에만 의존하지 말고 윤리, 지혜, 집중이라는 세 가지 높은 수행에 참여하기 위해 공부와 성찰, 명상을 통해 수행을 지원하라고 말합니다.

한국 국민은 지난 수십 년 동안 어려움에 직면해 왔으며, 한반도의 위기에 대한 평화적이고 지속적인 해결책이 마련되기를 희망하고 기도합니다.

이러한 해법은 한반도 전체 주민들이 평화와 번영, 안보를 누리고 나아가 세계의 평화와 안정을 보장할 수 있는 상호 이익이 되는 것입니다. 문제를 해결할 때 단순히 폭력적인 행동과 부정적인 감정을 피하는 것이 아니라 긍정적이고 이타적인 삶의 접근 방식을 적극적으로 개발하고 육성해야 합니다.

저는 한국 불자들의 부처님 법에 대한 헌신을 높이 평가하며, 우리 사이에 형성된 특별한 유대감은 앞으로도 계속될 것입니다.

저의 기도와 발원을 담아

2024년 6월 12일

불광

Bulkwang
1974

우수콘텐츠잡지
2024

Monthly Magazine
2024 | vol.601
11
www.bulkwang.co.kr

발행인	지홍	54-jihong@hanmail.net
편집인	류지호	sunflower6472@hanmail.net
편집주간	김남수	nskim6861@hanmail.net
사진	유동영	podosy@naver.com
에디터	송희원	ruread@naver.com
마케팅·광고	이유리	sdbfly@naver.com
디자인	쿠담디자인	koodamm@naver.com
영상콘텐츠	유권준	reamont@naver.com
	김대우	mindtemple@gmail.com
	김희준	fr79@naver.com
총무부장	윤정안	ja2718@hanmail.net
제작국장	김명환	heaan70@hanmail.net
인쇄·출력	(주)테라북스	
종이	한솔 pns	

「불광」 통권 601호 2024년 11월 1일 발행
1974년 9월 5일 등록 종로 라-00271호
50주년 기념 한정판 30,000원,
1년 정기구독료 144,000원

주소 서울시 종로구 사직로10길 17, 301호
전화 02-420-3200 팩스 02-420-3400
광고문의 02-420-3200

www.bulkwang.co.kr
youtube.com/c/bulkwangc
facebook.com/m.bulkwang
@monthly_bulkwang
네이버에서 '월간불광 스마트스토어' 검색

●
표지설명
범어사 ©관조 스님, 1988년 4월호 수록.

●
일러두기
인물의 직책은 기사 작성 당시의 직책으로 표기했습니다.

찰나의 빛, 영겁의 시간

불광 50주년 사진집

불광 사진에 담긴 50년

1974년 11월 창간호를 발간한 월간 「불광」이 50년 역사를 맞았다. 50년이라는 세월의 무게만큼이나 월간 「불광」에는 많은 글과 사진이 실렸다. 불교 역사에 자취를 남긴 수많은 고승과 불자들의 밀도 있는 글이 실렸고, 당대의 불교를 기록한 사진이 실렸다.

2024년 11월, 월간 「불광」 창간 50주년을 맞이해 그동안 실린 사진들을 중심으로 지난 50년을 되돌아보기로 했다. 옛 추억으로만 기억될 모습이 한 장의 사진에 담겨 있기도 하다. 지금의 글과 사진이 먼 훗날 불광의 역사로 남을 것이라는 책임감을 느낀다.

월간 「불광」 최초의 사진은 1975년 8월호에 실린 안장헌 작가의 상원사 동종(국보) 비천상이다. 이 사진을 시작으로 2024년 9월호에 실린 화엄사 홍매화 사진에 이르기까지, 월간 「불광」 50년의 세월을 담은 총 360여 점의 사진을 11월호 특집에 실었다.

쉼 없이 쌓인 사진들은 43만 8,000이라는 시간만으로도 빛나는 것들이라 선뜻 고를 수 없었다. 월간 「불광」이 지나온 시간에 의미를 두고 기록성이 짙은 사진을 먼저 골랐다. 사진 배치 또한 실린 순서를 우선 했다. 다만 몇몇 사진들은 편집 디자인을 고려해 적절히 배치했다. 2010년 중후반 이후 사진들은 현재의 모습과 크게 다르지 않다고 해도 머지않은 미래에 나타날 변화를 생각하며 기록성이라는 기준을 지키려 했다. 선별된 각각의 사진들에는 당시의 캡션이나 글을 넣었고, 바뀐 현재의 모습을 설명하는 글을 덧붙이기도 했다.

고른 사진들은 잡지의 형식과 내용에 따라 여섯 시기로 나눠 실었다. 잡지에 맨 처음 실린 상원사 동종 비천 사진 이후로 여러 사진이 쓰였으나, 저작권 표기는 4년 뒤인 1979년 8월호의 영탑사 금동삼존불상(안장헌)에 이르러서였다. 이를 보아 창간호부터 90년대 초까지 쓰인 사진들은 글을 보조하는 수단이었음을 알 수 있다.

1990년 이후 합류한 사진작가들은 편집 디자인에 참여하며 사진의 독자성을 보이려 한다. 이때부터 불광 사진의 색깔과 실체가 만들어진다. 관조 스님과 안장헌 작가가 글을 염두에 두고 촬영하지 않았다는 것일 뿐 불광 사진의 실체와 멀리 있다는 뜻은 아니다. 그들의 사진은 해를 더할수록 든든한 불광의 후광이 될 것이다. 두 작가와 맺은 인연을 꾸준히 이으며 불광 사진의 기틀을 다진 발행인 스님과 편집자들 안목에 경의를 표한다.

켜켜이 먼지 쌓인 책을 한 장 한 장 넘길 때마다 보이는 사진들에서 책임감과 부담감을 가졌다. 마치 '창간호부터 지금까지 발행된 모든 잡지를 가지고 있다'라는 독자를 만났을 때와 같은 느낌이었다. 이 귀한 자료들을 이른 시간 안에 디지털 자료로 만드는 것이 우리 후배들의 중요한 몫이라 생각했다. 그런 뒤라면 이번에 담지 못한 사진들을 모아 전혀 다른 감성의 '불광의 시간'을 만들어 낼 수 있을 것이다. 더불어 다가올 불광 100년의 초석을 다질 수도 있을 것이다.

이번 기획을 진행하며 가장 걱정했던 점은 '안장헌·구본창·윤명숙 등의 작가들의 필름 원고를 받을 수 있을까'였다. 하지만 이는 기우였다. 세 작가 모두 예상보다 빠르게 원고를 보내줬다. 촬영부터 보관에 이르기까지 어느 한 과정도 걸림이 없는 대가다운 모습들이었다. 세 작가 외에도 '잡지 사진'이라는 성격이 다른 사진들 틈에 자신들의 사진을 사용할 수 있도록 흔쾌히 허락해준 강운구·육명심·이갑철 작가, 그리고 고(故) 한정식 작가의 가족분들과 불광의 50년을 함께 쓴 하지권·최배문 작가에게도 두 손 모아 감사드린다.

글. 유동영 (월간 「불광」 부장)

지리산 백송사 선방 ⓒ유동영
2022년 1월호 『불교를 품은 지리산에』 수록.

1974~1988

걸음을 떼다

표지는 80년대 중반까지 안장현 작가의 사진이 실렸고, 관조 스님의 사진은 저작권이 없이 실리다가 1980년 10월에 처음 표기된다. 이후로도 스님의 사진은 저작권 없이 반복해서 쓰이기도 한다. 컬러 페이지 대부분은 안장현 작가의 자연·성보 사진들이다. 렌즈와 필름 면을 자유롭게 조작할 수 있는 뷰카메라로 촬영한 안장현 작가의 앙각 사진들은 왜곡이 없어서 보고 또 보아도 편안하다.

1973년부터 우리 문화유산의 아름다움과 상징을 찾는 사진 작업을 계속해 오고 있다. 주요 사진저작으로 『석불』(1982), 『석굴암』(1989), 『선의 세계』(1992), 『영겁의 미소』(1993), 『서원』(1998), 『신라의 마음 경주남산』(2002), 『사진으로 본 한국미-무늬』(2003), 『석불-돌에 새긴 정토의 꿈』(2003), 『석조미술의 꽃 석가탑 다보탑』(2003), 『범종-생명의 소리를 담은 장엄』(2006), 『Tresors de Coree - 불국사 석굴암』(2016), 『안장헌 사진집 소소한 일상』(2022), 『문화유산 일기』(2003), 『사진으로 배우는 사진 촬영교실』(2004) 등이 있다.

16회의 개인전을 개최, '유네스코 한국의 세계문화유산전'(1996, 파리), '석굴암 100년의 빛'(2009, 불교중앙박물관), '빛과 시간이 머무는 곳'(2010, 국립중앙박물관) 등에 출품했다.

신구대 사진과, 서울교대 미술교육과, 고려대 평교원 안장헌디지털사진교실 등에서 사진학 강의를 했다. 간행물윤리위 저작상, 한국사진문화상, 이해선사진문화상, 대한민국 문화유산상 등을 수상했다.

안 장 헌 (1947~)

오대산 상원사 동종 주악비천상 ⓒ안장헌
불광에 실린 첫 번째 사진. 현존하는 범종 중 가장 오래된 한국 종.
1975년 8월호 표지에 수록.

해인사 장경판전 판가 ©안장헌
고려팔만대장경판을 보존하고 있는 판가의 모습.
1977년 5월호 표지에 수록.

속리산 해맞이 ©안장헌
절집 처마에 걸린 풍경과 속리산 문장대의 해맞이 광경.
1982년 1월호 표지에 수록.

영탑사 금동비로자나삼존불좌상 ⓒ안장헌
잡지에서 처음으로 저작권이 표기된 사진이다. 고려초기 불상이다. 비로자나불을 주존으로
문수 보현보살이 협시하고 있다. 1979년 6월호 '한국의 불상' 첫 연재에 수록.

무위사 극락전 백의양류관음보살 벽화 ⓒ안장헌
조선 성종 7년(1476)에 중건된 극락전 후불벽을 장엄한 백의양류관음보살도.
1979년 7월호 표지에 수록.

화엄사 각황전 앞 석등 ©안장헌
통일신라시대 석등 중 규모도 크고 온전하게 보존된 아름다운 석등이다.
뷰카메라가 아니면 볼 수 없는 촬영 각도이다. 1979년 9월호 표지에 수록.

월정사 석조공양보살상 ⓒ안장헌
오대산 월정사 8각9층석탑에 용맹좌로 향을 공양하는 약왕보살상. 현재는 월정사
성보박물관에 있고 모사품을 탑 앞에 새로 안치했다. 1980년 1월호 수록.

송광사 전경 ©안장헌
송광사 8차 중창이 마무리되는 시기의 모습으로 현재는 사진 하단의 요사채들이 모두 바뀌었다.
1988년 1월호 '고사의 향기'에 수록.

석굴암 본존불 ⓒ안장헌
광덕 스님의 주선으로 1981년 12월에 처음 촬영해 1982년 5월호 '한국의 불상'에 실린
경주 토함산 석굴암 본존불상이다. 1982년 출판한 『석불』 표지에도 수록했다.

석굴암 11면관음보살상 ©안장헌
경주 토함산 석굴암 원실 가장 깊은 곳 본존불 뒤에 위치한 11면관음보살입상이다.
단아한 신라 미(美)의 진수를 간직한 보살상이다. 1982년 6월호 '한국의 불상'에 수록.

석굴암 문수보살상과 제석천상 ⓒ안장헌
석굴암 원실 본존불의 왼쪽입구 쪽에서
안쪽을 향하여 안내하는 듯한 모습이다.
1982년 7월호 수록.

석굴암 금강역사상 ⓒ안장헌
석굴암 전실의 비도 입구 왼쪽을 지키는
야상이다. 1982년 11월호 수록.

석굴암 보현보살상과 대범천상 ⓒ안장헌
석굴암 원실 본존불의 오른쪽에서 원실
안쪽을 향한 모습이다. 1982년 8월호 수록.

석굴암 원실의 목련존자상 ⓒ안장헌
원실안 10대제자상 중 목련존자상이다.
1982년 12월호 수록.

금산사 미륵전 ©안장헌
삼층 건물을 통층으로 건축한 웅장한 미륵전의 가을 정취. 곱게 단장한 참배객들에 눈이 간다.
1982년 9월호 표지에 수록.

은해사 대웅전 일곽 ⓒ안장헌

은해사 보화루 동쪽에서 본 대웅전 일곽의 모습이다. 지금은 보화루의 문수보살상을 볼 수 없다.
법당 안에 아미타삼존불을 모시고 있어 현재는 극락보전 편액을 걸었다. 1983년 6월호 표지에 수록.

쌍계사 석탑 ⓒ안장헌

"남은 삶보다 지나간 삶이 더 많은 할머니는 무슨 소원이 있기에 저리도 지극하신지...
아마 자신의 안녕보다는 후손의 평안을 기원하리라."(글. 안장헌) 1985년 7월호 표지에 수록.

불국사 인상 ©안장헌
경주 토함산 불국사 솔밭에서 본 모습이다. 다보탑과 석가탑의 상륜이 보인다.
1984년 1월호 근하신년 이미지로 수록.

범어사 ⓒ관조 스님
1988년 5월호 수록.

범어사 ©관조 스님
1988년 8월호 수록.

옛 기록을 펼치며

불교 문화유산의 사진 작업을 결심하고 처음 찾았던 경주남산
에서 어리석고 무지하며 무모한 도전이었음을 절절하게 후회
했다. 촬영 대상을 탐구하지 않으면 시각언어인 사진으로도 풀
어낼 수 없는 작업이었다. 불교미술에 대한 이해가 턱없이 모자
랐고, 불교의 근본 사상과 교리에 무지했기 때문이다.

　이때부터 불교와 불교미술에 관한 전문 서적들을 두루 찾
아보았으나 그 또한 만만하지 않았다. 불교 경전을 쉽게 풀어쓴
주석서와 번역서 그리고 기초적인 불교 교리를 안내해주는 도
서들을 추천하고 보내주시는 고마운 인연들을 만날 수 있었기
에 계속할 수 있었다. 대각사에서 법회를 여시며 월간 「불광」을
창간하신 광덕 스님께서 궁금증을 풀어주셨고, 우리나라 불교
문화 예술의 뿌리를 찾아보려는 나의 사진 작업에도 힘을 북돋
아 주셨다.

　1979년 6월호부터 '한국의 불상'을 연재(97회)하기 시작했
고, 1982년 4월호부터는 '한국의 불화'도 연재(75회)할 수 있게
됐다. 연재를 계속하면서 불교의 예배 존상인 불상과 경전의 내
용을 함축한 불화에 대해 더욱 열심히 공부할 계기가 됐다. 또
한 석굴암 사진 촬영을 할 수 있도록 주선해 주신 광덕 스님 덕
분에 1981년 12월에 석굴암과 첫 인연을 맺게 됐다. 그리고 법
회를 마치고 차담을 나누는 시간에 내가 찍은 사진을 보여드리
면 즉석에서 감흥을 풀어내셨는데 그 시어들을 녹음하지 못한
것이 아직도 아쉬움으로 남는다.

　『선의 세계』의 사진 작업과 출판을 제안하신 송광사 법흥
스님과의 인연도 빼놓을 수 없다. 선방과 강원을 비롯해 승가의
일상을 기록하는 계기가 됨은 물론, 한국불교의 전통과 문화는

글.
안
장
헌

승가의 일상을 통해 계승되고 있음을 알게 해줬다. 『선의 세계』에 수록하기 위해 촬영한 송광사 국사전의 16국사진영은 도난당한 직후 실물 크기 사진으로 걸었다가 모사 작업으로 복원할 수 있게 됐다.

『도설 한국미술오천년』의 편집책임을 맡아 도서출판 현암사에서 일할 당시 조상원 사장님이 현암사에서 출판한 불교 관련 서적 일체를 기증해 주셨다. 경전의 주석서와 번역서들이 많아 너무나 고마운 인연이었다. 그리고 『한국미술오천년』의 편저자인 혜곡 최순우(당시 국립중앙박물관장) 선생과의 깊은 인연으로 이어지게 됐다. 1982년 나의 첫 사진집 『석불』에 개설을 맡아 써주신 진홍섭(당시 이화여대 박물관장) 교수님, 『석굴암』을 비롯해 여러 권의 불교조각 관련 도서로 인연을 맺은 황수영(전 동국대총장) 박사님의 가르침과 후원도 큰 힘이 됐다.

월간 「불광」에 필자로 참여해온 이기선(불교조형연구소) 소장과의 인연으로 동남아불교유적 답사와 『지옥도』, 『사진으로 보는 한국미-무늬』 등의 공저자로 함께 하기도 했다. 특히 불광출판부(현 불광출판사)에서 발행한 『영겁의 미소』는 내가 옛 절터의 돌무덤에서 만난 작은 돌부처의 미소에 이끌려 사진 작업해온 결과물을 정리한 뜻깊은 책이 됐다. 불광출판부에 감사드린다.

지난해 2023년 6월에 문화유산 사진을 작업해온 50년을 기념해 《경주남산 50년 안장헌 사진전》을 경주의 신라문화원 주관으로 개최하게 됐다.

1974년 11월 창간호를 낸 불광이 50돌을 맞이하는 특집으로 사진으로 보는 월간 「불광」 50년을 계획한다는 소식을 전해왔다. 불교문화 중흥에 앞장서온 불광이 반세기 동안 이룩해온 결과물을 정리하는 소중한 기획이 될 것이다.

생활불교의 선두주자로 불교중흥의 길을 달려온 「불광」의 50돌을 축하합니다. 지난 50년을 되돌아보고 한국불교의 내일을 설계하는 불광의 힘찬 발걸음에 뜨거운 박수를 보냅니다.

佛光

한마음 憲章
이곳이 眞理의 現場이다
般若心經 講義
人間은 죽으면 그만인가
父母의 性格上 갈등과 子女
運命을 支配하는 人間型
現代人을 위한 佛教理解

11 74, 創刊號

001호, 1974년 11월호

002호, 1974년도 12월호

003호, 1975년도 1월호

004호, 1975년도 2월호

005호, 1975년도 3월호

006호, 1975년도 4월호

007호, 1975년도 5월호

008호, 1975년도 6월호

009호, 1975년도 7월호

010호, 1975년도 8월호

011호, 1975년도 9월호

012호, 1975년도 10월호

013호, 1975년도 11월호

014호, 1975년도 12월호

015호, 1976년도 1월호

016호, 1976년도 2월호

017호, 1976년도 3월호

018호, 1976년도 4월호

019호, 1976년도 5월호

020호, 1976년도 6월호

021호, 1976년도 7월호

022호, 1976년도 8월호

023호, 1976년도 9월호

024호, 1976년도 10월호

025호, 1976년도 11월호

026호, 1976년도 12월호

027호, 1977년도 1월호

028호, 1977년도 2월호

029호, 1977년도 3월호

030호, 1977년도 4월호

031호, 1977년도 5월호

032호, 1977년도 6월호

033호, 1977년도 7월호

034호, 1977년도 8월호

035호, 1977년도 9월호

036호, 1977년도 10월호

037호, 1977년도 11월호

038호, 1977년도 12월호

039호, 1978년도 1월호

040호, 1978년도 2월호

041호, 1978년도 3월호

042호, 1978년도 4월호

043호, 1978년도 5월호

044호, 1978년도 6월호

045호, 1978년도 7월호

046호, 1978년도 8월호

047호, 1978년도 9월호

048호, 1978년도 10월호

049호, 1978년도 11월호

050호, 1978년도 12월호

051호, 1979년도 1월호

052호, 1979년도 2월호

053호, 1979년도 3월호

054호, 1979년도 4월호

055호, 1979년도 5월호

056호, 1979년도 6월호

057호, 1979년도 7월호

058호, 1979년도 8월호

059호, 1979년도 9월호

060호, 1979년도 10월호

061호, 1979년도 11월호

062호, 1979년도 12월호

063호, 1980년도 1월호

064호, 1980년도 2월호

065호, 1980년도 3월호

066호, 1980년도 4월호

067호, 1980년도 5월호

068호, 1980년도 6월호

069호, 1980년도 7월호

070호, 1980년도 8월호

071호, 1980년도 9월호

072호, 1980년도 10월호

073호, 1980년도 11월호

074호, 1980년도 12월호

075호, 1981년도 1월호

076호, 1981년도 2월호

077호, 1981년도 3월호

078호, 1981년도 4월호

079호, 1981년도 5월호

080호, 1981년도 6월호

081호, 1981년도 7월호

082호, 1981년도 8월호

083호, 1981년도 9월호

084호, 1981년도 10월호

085호, 1981년도 11월호

086호, 1981년도 12월호

087호, 1982년도 1월호

088호, 1982년도 2월호

089호, 1982년도 3월호

090호, 1982년도 4월호

091호, 1982년도 5월호

092호, 1982년도 6월호

093호, 1982년도 7월호

094호, 1982년도 8월호

095호, 1982년도 9월호

096호, 1982년도 10월호

097호, 1982년도 11월호

098호, 1982년도 12월호

099호, 1983년도 1월호

100호, 1983년도 2월호

101호, 1983년도 3월호

102호, 1983년도 4월호

103호, 1983년도 5월호

104호, 1983년도 6월호

105호, 1983년도 7월호

106호, 1983년도 8월호

107호, 1983년도 9월호

108호, 1983년도 10월호

109호, 1983년도 11월호

110호, 1983년도 12월호

111호, 1984년도 1월호

112호, 1984년도 2월호

113호, 1984년도 3월호

114호, 1984년도 4월호   115호, 1984년도 5월호   116호, 1984년도 6월호   117호, 1984년도 7월호

118호, 1984년도 8월호   119호, 1984년도 9월호   120호, 1984년도 10월호   121호, 1984년도 11월호

122호, 1984년도 12월호   123호, 1985년도 1월호   124호, 1985년도 2월호   125호, 1985년도 3월호

126호, 1985년도 4월호   127호, 1985년도 5월호   128호, 1985년도 6월호   129호, 1985년도 7월호

130호, 1985년도 8월호

131호, 1985년도 9월호

132호, 1985년도 10월호

133호, 1985년도 11월호

134호, 1985년도 12월호

135호, 1986년도 1월호

136호, 1986년도 2월호

137호, 1986년도 3월호

138호, 1986년도 4월호

139호, 1986년도 5월호

140호, 1986년도 6월호

141호, 1986년도 7월호

142호, 1986년도 8월호

143호, 1986년도 9월호

144호, 1986년도 10월호

145호, 1986년도 11월호

146호, 1986년도 12월호

147호, 1987년도 1월호

148호, 1987년도 2월호

149호, 1987년도 3월호

150호, 1987년도 4월호

151호, 1987년도 5월호

152호, 1987년도 6월호

153호, 1987년도 7월호

154호, 1987년도 8월호

155호, 1987년도 9월호

156호, 1987년도 10월호

157호, 1987년도 11월호

158호, 1987년도 12월호

159호, 1988년도 1월호

160호, 1988년도 2월호

161호, 1988년도 3월호

162호, 1988년도 4월호

163호, 1988년도 5월호

164호, 1988년도 6월호

165호, 1988년도 7월호

166호, 1988년도 8월호

167호, 1988년도 9월호

168호, 1988년도 10월호

169호, 1988년도 11월호

170호, 1988년도 12월호

1989~1994

눈을 뜨다

88년 올림픽 이후 월간 「불광」을 만드는 인원이 보강되고 잡지에 사진
을 적극 활용한다. 관조 스님은 당시만 해도 스님 사진가가 아니면 담
지 못할 사진들을 공급한다. 새로운 편집부는 안장헌·관조 스님 외에
도 박상훈 작가 등에게 표지를 의뢰한다. 1991년, 1992년 8월까지는
독일 유학을 마친 뒤 한창 활동 중이던 구본창 작가에게 표지를 의뢰
하는 통 큰 결정을 한다. 1993년부터는 판형과 디자인이 바뀌며 사진
을 전공한 윤명숙 작가가 불광 50년 사진의 기틀을 다진다.

1960년 1월 15일 부산 범어사에서 지효 스님을 은사로 동산 스님을 계사로 사미계를 수지했다. 이후 1961년 4월 15일 범어사 금어선원에서 하안거를 시작으로 9안거를 성만하고, 1965년 7월 15일 합천 해인사에서 자운 스님을 계사로 구족계를 수지했다. 1966년 해인사 승가대학 대교과를 졸업하고, 1971년 해인사 승가대학 제7대 강주로 취임해 후학을 양성했다. 1976년 부산 범어사 총무국장 소임 이후 일체의 공직을 맡지 않았다. 1978년부터 범어사에 주석하며 사진을 수행의 방편으로 삼아 30여 년간 전국 산사의 아름다움을 사진에 담는 운수납자의 길을 걸어왔다. 스님이 남긴 사진 필름은 20여만 점에 이른다.

　　관조 스님 사진의 묘미는 필터나 조명을 전혀 사용하지 않은 단순함과 담백함에 있다. 『승가1』(1980)을 시작으로 『열반』, 『자연』, 『생, 멸, 그리고 윤회』, 『님의 풍경』 등 20여 권의 사진집을 출간했다. 그 중 『사찰 꽃살문』은 2005년 프랑크푸르트 도서전에서 한국의 아름다운 책 100선에 선정됐다. '아시안게임 경축사진전'(1986), '한국일보 올림픽 문화행사 초청전시'(1988) 등 10여 차례의 전시회를 열었다. '관조 스님 사찰 꽃살문 사진전'(2003)은 국립청주박물관 전시를 시작으로 광주, 제주, 춘천, 부산, 서울 등 국립박물관 순회 전시를 했으며 로스앤젤레스(1982), 토론토(1991), 시카고(1994) 등 해외전시 외 다수의 개인전을 열었다. 부산미전 금상(1978), 동아미전 미술상(1979), 현대사진 문화상(1988)을 수상했다.

관조 스님

(1943~2006)

"인연의 터인지 운문사에 오래 살게 됩니다. 알다시피 운문사는 유서깊은 절입니다. 이곳에 원광 국사와 일연 스님이 주석한 바 있고 신라시대에는 이 일대가 화랑도들이 수련을 하며 경학을 연구하던 곳이지요. 알고 보면 현재의 많은 대중이 우연히 모이게 된 것이 아닙니다. 여기에 비구니 승가학원이 개설되게 된 것은 불교정화 후인 1958년입니다. 초대 금광(金光)비구니 스님을 비롯 하여 수인(守仁), 묘전(妙典), 묘엄(妙嚴), 태구(泰具), 혜운(慧雲)스님 등 많은 비구니 스님들이 도제양 성에 진력했지요."(명성 스님)

청도 운문사 명성 스님 ⓒ관조 스님
1990년 12월호 '인물탐방'에 수록.

경봉 스님 다비식 ©관조 스님
1989년 10월호 수록.

신발 정리하는 사미 스님 ©관조 스님
1989년 12월호 수록.

"승려가 됨은 더 큰 가치의 생을 살기 위해 많은 부분을 절단해야 되는 용기와 아픔을 겪어야 하는 직위다. 그런데 나는 불연의 삶을 가치 있게 진행하고 있는 것일까. 나의 현주소는 어디이며, 모든 만남들은 어떻게 바람직하게 이어지고 회향되고 있는 것일까."(글.정상덕 스님)

운문사 수계식 ©관조 스님
1990년 1월호 '불법 만남의 기쁨'에 수록.

"세상 일은 순사(順事)를 이용하지만 유독 선문만은 역사(逆事)를 이용하며, 사람을 위해 일을 다스릴 적에는 좋아하는 것을 기뻐하지만 학인을 단련할 적에는 싫어하는 것을 기뻐한다. 싫어하지 않으면 천하의 대선(大善)이라고 말할 수 없고, 역사가 아니면 천하의 대순(大順)이라고 말할 수 없다."(글. 회산 계현)

범어사 반배하는 스님들 ©관조 스님
1990년 3월호 '선의 고전-선문단련설'에 수록.

"고요히 앉아
차(茶)를
반쯤 마셨는데도
향기는
처음과 같고
묘용시(妙用時)에
물은 흐르고
꽃은 피도다"

수행자의 손님 접대는 차가 으뜸일세 그윽한 향기와
담백한 맛이 있고 그것을 일구어내는 자비가 있기에
나그네는 찻잔만 봐도 정겹기만 하다.

범어사 다실 다탁 ©관조 스님
1990년 11월호 '사진으로 보는 설법'에 수록.

범어사 스님의 염주와 절 ©관조 스님
1990년 10월호 '사진으로 보는 설법'에 수록.

연세대 경영학과 졸업 후 독일 함부르크 조형미술대학에서 사진 디자인을 전공, 디플롬 학위를 취득했다. 2004년부터 자신만의 새로운 방식으로 조선 백자를 촬영하며, 전통문화의 현대적인 해석을 시도한 작가로 국내외에서 많은 호평을 받고 있다. 간결하면서도 미니멀한 그의 작업은 섬세하고도 감각적인 색채와 더불어 한국 현대사진에 그만의 독특한 자리매김을 하게 했다.

2001년 삼성 로댕갤러리, 2002년 미국 피바디 에섹스 뮤지엄, 2021년 중국 베이징 Three Shadows Photography Art Centre, 2023년 서울시립미술관 등 국내 외에서 지속적으로 개인전을 열었다. 사진저작으로『시선 1980』(2008),『공명의 시간을 담다』(2014),『DMZ』(2014),『구본창』(2019),『Incognito』(2019),『Korea; In the 1980's』(2022) 등이 있다. 이명동 사진상 (2000), 강원다큐멘터리 작가상(2003), 동강 사진상(2014), 제47회 대한민국문화예술상 미술부문(2015), 제63회 3·1문화상 예술상(2022) 등을 수상했다.

구
본
창

(1953~)

"그 당시 개인적으로 관심이 있었던 한국의 전통적인 분위기와 계절을 느낄 수 있는 전국의 여러 멋진 사찰들을 많이 찾아다녔습니다. 마침 「불광」에서 연락을 줘서 「불광」 잡지와 어울리는 사진들을 표지로 선정했었죠. 1991년 5월호 표지의 조계사 연등 이미지는 부처님오신날에 맞춰 별도로 촬영했습니다. 당시 조계사를 찾았는데 대웅전 앞을 가득 메운 화려한 연등의 모습이 매우 인상 깊었습니다. 해진 후 연등에 불을 밝히자 밤하늘의 반짝이는 큰 별들처럼 매우 멋지게 보였던 기억이 납니다. 부처님오신날을 가장 대표적으로 표현할 수 있는 이미지라 여겨 표지 사진으로 담았습니다." (구본창)

한국민속촌 대문 그림자 ©구본창
1991년 1월호에 수록

조계사 연등 ©구본창
1991년 5월호 표지에 수록.

연못 ⓒ구본창
1991년 7월호 표지에 수록.

석류화나무 ©구본창
1991년 8월호 표지에 수록.

운주사 마애불 ©관조 스님

1991년 9월호 수록.

자유로가 만들어지기 전의 풍경 ⓒ구본창
1991년 12월호 표지에 수록.

수미단 ©구본창

1992년 5월호 표지에 수록.

통도사 극락전 반야용선 벽화의 연꽃 ©구본창
지금은 박락이 심해 연꽃을 제대로 보지 못한다. 1992년 1월호 표지에 수록.

범어사 솥과 주걱 ⓒ관조 스님

1991년 12월호 수록.

"설악산 소청봉에 텐트를 치고 밤새 빗소리에
잠 못 이루다가 맞이한 아침의 구름바다는 황홀하다."(안장헌)

설악산 공룡능선의 범봉일원 ⓒ안장헌
설악산 신선대에서 만난 공룡능선의 운해.
1992년 8월호 수록.

덕유산의 아침 ©안장헌
향적봉에서 가야산을 바라본 구름바다.
1993년 1월호 수록.

원각사지 십층석탑 ©윤명숙
지금은 유리 보호각 안에 있다. 1993년 7월호 '바라밀 국토를 찾아서'에 수록.

"원각사지 10층석탑은 고려시대 때 만들어진 경천사지 10층석탑을 본뜬 탑으로 수려하고 섬세
한 기교는 우리 탑의 역사에서 머리에 두어야 할 우수작이다.

기단부는 3층으로 되었는데 1층에는 용, 사자, 모란, 연꽃무늬를 새겼고 2층에는 인물, 짐승, 초
목, 궁전을 3층에는 나한과 신선을 조각하였다. 탑신부는 1층부터 3층까지는 기단부와 마찬가지
로 '亞' 자형을 이루고 있으며 4층부터는 사각의 형태를 이루고 있다. 옥개석은 층마다 팔작지붕
을 하였는데 특히 3층은 이중의 지붕으로 되어 있어 놀라움을 더하게 한다.

지붕의 기왓골, 공포, 석가래, 기둥, 난간 등 목조건축의 따뜻하고 섬세한 맛을 그대로 돌 위에 살
려 놓았으니 사리탑과 부도탑에서 뛰어난 역량을 드러내었던 고려시대 석공의 맥이 아직은 살아
있음을 느껴볼 수 있다. 탑신의 각 면에서 부처님이 설법하였던 12회의 법회장에 모인 불·보살·
천인상을 조각하고 그 편액에 다보회(多寶會)·영산회(靈山會) 등을 새겨넣어 경전에 근거한 불탑
임을 밝히고 있다."(글.노승대)

원각사지 십층석탑 부분도 ⓒ윤명숙

1993년 7월호 수록.

칠장사 나한전 ⓒ윤명숙
1993년 10월호 '바라밀 국토를 찾아서'에 수록.

"1993년 11월 10일, 가야산 해인사 마당에 수많은 조문객이 참예하며 성철 스님의 영결식이 치뤄졌다. 순례의 무리는 가야산 빈 골짜기를 꾸역꾸역 메웠건만, 가야산은 부르르 몸서리치며 낙엽만 떨구고 홍류계곡에 흘리는 물소리로 비장한 울부짖음만 깊게 했다." (글. 황찬익)

해인사 성철 스님 운구 ©윤명숙
1993년 12월호 '그 크신 족적, 어이 좇으리'에 수록.

"청명하던 가을 하늘도 사흘을 울었다. 가야산 자락에는 이 산이 가슴을 열어 인간을 품었던 먼먼 태고이래, 가장 많은 인파가 몰려들었다. 성철 큰스님! 평소에 그를 알았던 이들은 물론, 이름자만 듣고 마음으로만 생각했던 이들, 설령 몰랐던 이들까지 모두 이 며칠은 가슴에 가야산만큼의 무게를 얹고 살았다."(글. 황찬익)

해인사 성철 스님 영결식 ⓒ윤명숙

1993년 12월호 '그 크신 족적, 어이 좇으리'에 수록.

"성철 스님의 법구는 오색 만장숲이 길을 여는대로 따라가서 높이가 2m 남짓한 연화대 연꽃봉우리 안에 누웠다. 산비탈에 빼곡하게 자리한 5만여 불자들이 장엄하게 석가모니불 정근을 하는 가운데 불길이 솟고 저 먼 하늘 속으로 한줄기 연기가 꿈틀거리며 몸부림쳐 올라갔다. 스님의 수행을 돕던 육신의 사라짐이었다. 육신 속 지수화풍의 사대가 흩어져 서로 제 자리로 돌아가는 것일 뿐이었다. 스님을 이루고 스님의 모든 인연들을 이루었던 이치가 한 가닥 한 가닥 풀어헤쳐져 보여지는 마지막 설법이었다."(글. 황찬익)

해인사 성철 스님 다비식 ©윤명숙
1993년 12월호 수록.

닥종이를 만드는 영담 스님 ⓒ윤명숙
"우리 전통 종이 한 장 한 장에는 순수 본래면목인 우리의 불성자리가 담겨 있습니다."
1994년 2월호 '오늘을 밝히는 등불들'에 수록.

곡성 태안사 회주 청화 스님 ©윤명숙
"이미 갖춰져 있는 것을 드러내는 것이 참된 수행입니다."
1994년 8월호 '불광 20주년 기념 연속 기획대담'에 수록.

171호, 1989년 1월호

172호, 1989년도 2월호

173호, 1989년도 3월호

174호, 1989년도 4월호

175호, 1989년도 5월호

176호, 1989년도 6월호

177호, 1989년도 7월호

178호, 1989년도 8월호

179호, 1989년도 9월호

180호, 1989년도 10월호

181호, 1989년도 11월호

182호, 1989년도 12월호

183호, 1990년도 1월호

184호, 1990년도 2월호

185호, 1990년도 3월호

186호, 1990년도 4월호

187호, 1990년도 5월호

188호, 1990년도 6월호

189호, 1990년도 7월호

190호, 1990년도 8월호

191호, 1990년도 9월호

192호, 1990년도 10월호

193호, 1990년도 11월호

194호, 1990년도 12월호

195호, 1991년도 1월호

196호, 1991년도 2월호

197호, 1991년도 3월호

198호, 1991년도 4월호

199호, 1991년도 5월호

200호, 1991년도 6월호

201호, 1991년도 7월호

202호, 1991년도 8월호

203호, 1991년도 9월호

204호, 1991년도 10월호

205호, 1991년도 11월호

206호, 1991년도 12월호

207호, 1992년도 1월호

208호, 1992년도 2월호

209호, 1992년도 3월호

210호, 1992년도 4월호

211호, 1992년도 5월호

212호, 1992년도 6월호

213호, 1992년도 7월호

214호, 1992년도 8월호

215호, 1992년도 9월호

216호, 1992년도 10월호

217호, 1992년도 11월호

218호, 1992년도 12월호

219호, 1993년도 1월호

220호, 1993년도 2월호

221호, 1993년도 3월호

222호, 1993년도 4월호

223호, 1993년도 5월호

224호, 1993년도 6월호

225호, 1993년도 7월호

226호, 1993년도 8월호

227호, 1993년도 9월호

228호, 1993년도 10월호

229호, 1993년도 11월호

230호, 1993년도 12월호

231호, 1994년도 1월호

232호, 1994년도 2월호

233호, 1994년도 3월호

234호, 1994년도 4월호

235호, 1994년도 5월호

236호, 1994년도 6월호

237호, 1994년도 7월호

238호, 1994년도 8월호

239호, 1994년도 9월호

240호, 1994년도 10월호

241호, 1994년도 11월호

242호, 1994년도 12월호

1995~2004

부처님의 빛 '불광,'을 담다

1974~1994에 이어 관조 스님의 사진은 저작권 표기 없이 다양하게 쓰인다. 이는 관조 스님이 발행인 광덕 스님과 같은 범어사 문중이었기 때문에 가능했던 것으로 보인다. 윤명숙 작가는 이전과는 다른 감성의 사진들을 실으며 불광 사진의 윤명숙 시대를 만든다. 불광에서 일을 하던 가운데 바다를 소재로 개인전을 열며 불광 사진의 폭을 넓혔다. 성철·광덕 스님 등의 다비와 지금처럼 변하기 전의 사찰 풍경을 담은 사진은 귀한 기록이다.

봉화 청량사 유리보전 ©윤명숙
1996년 8월호 '바라밀 국토를 찾아서'에 수록.

서산군 운산면 태봉리 문수사 나한상 ©윤명숙

1997년 1월호 표지에 수록.

예산 향천사 천불전의 부처님 ©윤명숙
1997년 3월호 표지에 수록.

"'이 뭣고' 마음 찾는 좌선시간. 초심자에게는 저려 오는 다리와 온갖 망상이 끝없이 몰려온다. 망상을 통해서나마 자신을 돌이켜보는 시간이다."(글. 김명환)

송광사 여름수련법회 ©윤명숙
1997년 8월호 '오늘을 밝히는 등불'에 수록.

월간「불광」발행인 광덕 스님 ⓒ관조 스님
"본지「불광(佛光)」은 감히 우리의 역사와 생활 속에 부처님의 위광(威光)을 전달하는 사명을
자담(自擔)하고 나선다."(창간호 광덕 스님의 글에서)

청맥회, 눈 푸른 납자들의 모임

1963년 초, 눈 푸른 수행자들이 모임을 가졌다. 보성, 일타, 도광, 숭산, 홍법, 석정, 지관 스님 등이
뜻을 모아 1970년대 초까지 함께했다. 사진은 1971년 진관사에서의 모임. 1999년 4월호 수록.

"여기 태양을 삼킨 허공인 양 온누리에 눈부신 햇살은 부어지고 있습니다. 그 빛을 먹고 그 빛으로 자양(滋養)을 삼고 있는 저로서는 어떻게 그 빛을 전달해야 좋을지 저어하는 마음입니다. 그러나 항상 기도하는 자세로 열과 성의를 다하겠습니다."(창간호 광덕 스님의 글에서)

오대산 상원사 순례법회
1999년 4월호 수록.

광덕 스님은 1950년대 후반 서울로 올라와 조계종 관련 서무를 보기 시작한다. 그리고 불교 대중화와 원력을 실천하는 일을 전개한다. 1965년 9월 봉은사 주지로 부임했고, 봉은사를 불교 대중화 운동의 출발지이자 수행 도량으로 가꾸기 위한 노력을 펼쳤다. 당시 제자를 받기 시작했다. 제자들이 1967년 8월 수계를 받은 후 광덕 스님, 봉은사 대중 스님들과 찍은 사진이다. 지정 스님이 광덕 스님 앞에 앉아 있다.

봉은사 주지 시절 광덕 스님

1999년 4월호 수록.

"구름 한 점 없이 청명하고 햇살 따사로운 봄날 산천초목도 큰스님의 열반을 애도했다."

범어사 광덕 스님 영결식 ⓒ윤명숙

1999년 4월호 수록.

"추모 인파로 가득한 영결식장. 조계종 원로회의 의장 혜암 스님을 위시해 종단의 고승 대덕 스님들과 사부대중이 애도하는 가운데 영결식이 엄수됐다."

범어사 광덕 스님 영결식 ©윤명숙

1999년 4월호 수록.

"당시에 여자 촬영기자는 교육 장소에 못 들어가게 했어요. 지키는 사람이 아무도 없을 때, 수계 받기 전 행자들이 막 자리를 잡는 1~2분 사이에 후다닥 들어가서 몰래 찍었어요. 혼날 것을 각오 하고요. 촬영 당시에 형광등 빛이라 걱정했는데 현상하고 보니 다른 빛도 있었는지 사진 느낌이 좋았죠."(윤명숙)

조계종 행자교육(직지사) ©**윤명숙**

2000년 1월호 표지에 수록.

"점심 공양을 하러 갔는데, 공양간에서 내다보니 스님들이 절구를 찧고 있었어요. 허락도 받지 않고 스님 구역에 들어와서 막 사진을 찍었다고 해서 혼났죠. 하지만 이 장면을 찍을 당시 기분이 정말 좋았어요. 머리를 깎지 않는 이상 볼 수 없는 스님들의 실생활 모습이니까요. 사진 속 건물인 해청당은 창고이자 강원 대교반 스님들의 요사채로 쓰이고 있어요. 사진이 하나의 기록으로 남은 거죠."(윤명숙)

송광사 방아를 찧는 스님들 ©윤명숙
2000년 6월호 표지에 수록.

통도사 행자들 ©윤명숙
2000년 9월 표지에 수록.

"통광 스님을 취재하러 갔을 때, 마침 스님의 제자 학인스님들이 기념사진을 찍어달라고 했어요. 그때는 스마트폰이 없었을 때였거든요. 제가 '다 찍었습니다' 하고 스님들이 움직일 때 셔터를 계속 눌렀죠. 나중에 뽑아드리려고 보니, 스님들이 찍히는 줄 모르고 자연스럽게 움직이는 그 모습이 좋아서 표지로 선정했죠."(윤명숙)

통광 스님과 쌍계사 승가대학 학인스님들 ⓒ윤명숙

2000년 12월 표지에 수록.

"어둠을 몰아내는 햇빛이듯 가슴 속 어둠, 사회의 어둠, 환경의 어둠 그 모두는 밝은 마음에서부
터 사라지기 마련이다."(글. 광덕 스님)

선운사 ⓒ윤명숙
2001년 2월 표지에 수록.

"자, 햇빛을 맞이하자. 내 마음 구석구석에 햇빛을 비추고 햇빛을 채우자. 내 온몸으로 하여금 밝은 햇빛으로 뛰게 하자."(글.광덕 스님)

천왕문에 드리운 빛 ©윤명숙
2001년 4월호 표지에 수록.

수원시 장안구 파장동 미륵당 ©윤명숙
2001년 6월 표지에 수록.

"설령 덧없이 방황하며 살아가는 듯하여도, 실로는 그렇지 않다. 하루하루 부처님이 완전하심과 같이 진리가 원만함과 같이 완전과 원만을 향하여 달려가고 있는 것이다."(글. 광덕 스님)

사찰 위 구름 ⓒ윤명숙
2001년 7월 표지에 수록.

단풍 창호와 문살 ⓒ윤명숙
예전엔 창호지에 이파리를 붙여 멋을 냈다. 2001년 10월 표지에 수록.

"눈보라 속에서 오히려 부풀어 오른 동백꽃 봉우리가 사뭇 빨갛다. 추위를 모르는 싱싱한 생명에 힘이 넘쳐 있음을 실감한다. 역경이 정녕 생명의 힘을 불러일으키는 양 싶다."(글. 광덕 스님)

눈보라 속 나무 ⓒ윤명숙
2002년 1월 '이달의 언어'에 수록.

신광사 대웅전 전면에 조성된 용의 얼굴 ©윤명숙
2002년 4월호 '설화가 깃든 산사기행' 수록.

"옛 장수사(長水寺) 터 한가운데 낮은 석축 위에 정교하게 짜맞추어 올린 예스런 문이 서 있는데, '덕유산장수사조계문'이라는 이름을 달고 있다. 지금은 용추사 일주문으로 불리는데, 두 아름이 넘는 기둥 위에 다포계의 팔작집을 올려놓았다."(글. 김명환)

덕유산 용추사 일주문으로 불리는 '덕유산장수사조계문' ©윤명숙
2002년 3월호 '설화가 깃든 산사기행'에 수록.

"신록, 향기로운 바람, 그 사이를 휘날리는 꽃잎, 밝은 햇살 속에 맑은 시냇물이 소리 없이 흐른다. 백 가지 꽃 천 가지 풀이 제각기 빛과 향기를 다투어 토해내고 춤추듯 너울진다. 부처님 오신 날, 하늘과 땅, 산천 초목이 함께 환호를 감추지 못하는 것일까."(글. 광덕 스님)

풀과 이슬 ⓒ관조 스님
2003년 5월호 표지에 수록.

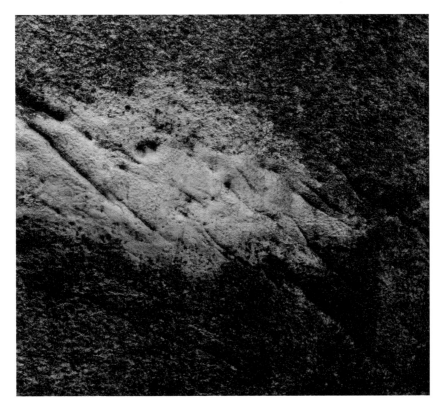

"한 해를 보내면서 지난 발자국 위에 담겨진 좋고 나쁜 온갖 수확을 기름진 거름으로 거두어 들이자. 이제 이 해의 마무리가 새해의 기초인 것을 생각하고 한 해를 새로이 맞으면서 기도하자. 이미 받고 있는 현실에 감사하자."(글. 광덕 스님)

바위 ©관조 스님
2003년 12월호 표지에 수록.

월출산 구정봉 아래 용암사지 마애여래좌상과 삼층석탑 ©윤명숙
지금은 숲이 우거져 오른쪽 아래에 보이는 삼층석탑을 훤히 보지 못한다.
2004년 3월호 '설화가 깃든 산사기행'에 수록.

문살 ⓒ윤명숙
2004년 8월호 표지에 수록.

해인사 신행문화도량 건립 총괄 코디네이터 정기용 건축가 ⓒ윤명숙

"불교에서 말하는 윤회의 근본은 변화입니다. 반복 속에서 생기는 미세한 차이들이 있죠. 건축도
역시 핵심은 반복과 차이, 변화입니다." 2004년 9월호 '불광이 만난 사람'에 수록.

부산 여여선원 정여 스님 ⓒ윤명숙
"생활하면서 맑고 여여함 속에 머물고 있는지 늘 자기를 비추어보고 부처님 가르침을
여여하게 실천해야지요." 2004년 9월호 '우리 스님'에 수록.

243호, 1995년 1월호

244호, 1995년도 2월호

245호, 1995년도 3월호

246호, 1995년도 4월호

247호, 1995년도 5월호

248호, 1995년도 6월호

249호, 1995년도 7월호

250호, 1995년도 8월호

251호, 1995년도 9월호

252호, 1995년도 10월호

253호, 1995년도 11월호

254호, 1995년도 12월호

255호, 1996년도 1월호

256호, 1996년도 2월호

257호, 1996년도 3월호

258호, 1996년도 4월호

259호, 1996년도 5월호

260호, 1996년도 6월호

261호, 1996년도 7월호

262호, 1996년도 8월호

263호, 1996년도 9월호

264호, 1996년도 10월호

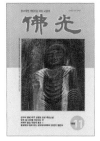

265호, 1996년도 11월호

266호, 1996년도 12월호

267호, 1997년도 1월호

268호, 1997년도 2월호

269호, 1997년도 3월호

270호, 1997년도 4월호

271호, 1997년도 5월호

272호, 1997년도 6월호

273호, 1997년도 7월호

274호, 1997년도 8월호

275호, 1997년도 9월호

276호, 1997년도 10월호   277호, 1997년도 11월호   278호, 1997년도 12월호   279호, 1998년도 1월호

280호, 1998년도 2월호   281호, 1998년도 3월호   282호, 1998년도 4월호   283호, 1998년도 5월호

284호, 1998년도 6월호   285호, 1998년도 7월호   286호, 1998년도 8월호   287호, 1998년도 9월호

288호, 1998년도 10월호   289호, 1998년도 11월호   290호, 1998년도 12월호   291호, 1999년도 1월호

292호, 1999년도 2월호　　293호, 1999년도 3월호　　294호, 1999년도 4월호　　295호, 1999년도 5월호

296호, 1999년도 6월호　　297호, 1999년도 7월호　　298호, 1999년도 8월호　　299호, 1999년도 9월호

300호, 1999년도 10월호　　301호, 1999년도 11월호　　302호, 1999년도 12월호　　303호, 2000년도 1월호

304호, 2000년도 2월호　　305호, 2000년도 3월호　　306호, 2000년도 4월호　　307호, 2000년도 5월호

308호, 2000년도 6월호　　309호, 2000년도 7월호　　310호, 2000년도 8월호　　311호, 2000년도 9월호

312호, 2000년도 10월호　　313호, 2000년도 11월호　　314호, 2000년도 12월호　　315호, 2001년도 1월호

316호, 2001년도 2월호　　317호, 2001년도 3월호　　318호, 2001년도 4월호　　319호, 2001년도 5월호

320호, 2001년도 6월호　　321호, 2001년도 7월호　　322호, 2001년도 8월호　　323호, 2001년도 9월호

324호, 2001년도 10월호

325호, 2001년도 11월호

326호, 2001년도 12월호

327호, 2002년도 1월호

328호, 2002년도 2월호

329호, 2002년도 3월호

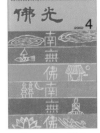

330호, 2002년도 4월호

331호, 2002년도 5월호

332호, 2002년도 6월호

333호, 2002년도 7월호

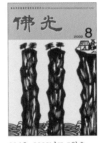

334호, 2002년도 8월호

335호, 2002년도 9월호

336호, 2002년도 10월호

337호, 2002년도 11월호

338호, 2002년도 12월호

339호, 2003년도 1월호

340호, 2003년도 2월호

341호, 2003년도 3월호

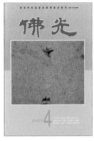

342호, 2003년도 4월호

343호, 2003년도 5월호

344호, 2003년도 6월호

345호, 2003년도 7월호

346호, 2003년도 8월호

347호, 2003년도 9월호

348호, 2003년도 10월호

349호, 2003년도 11월호

350호, 2003년도 12월호

351호, 2004년도 1월호

352호, 2004년도 2월호

353호, 2004년도 3월호

354호, 2004년도 4월호

355호, 2004년도 5월호

356호, 2004년도 6월호

357호, 2004년도 7월호

358호, 2004년도 8월호

359호, 2004년도 9월호

360호, 2004년도 10월호

361호, 2004년도 11월호

362호, 2004년도 12월호

2005~2011

산문을 넘다

2005년, 창간 이후 표지를 장식했던 '佛光'이라는 한자 제호가 한글로 바뀌었다. 컬러 화보가 많아지면서 사진의 비중은 계속 높아졌다. 윤명숙 작가 이후 2007년부터는 하지권 작가가 참여한다. 100년 넘게 이어오던 필름 시대가 저물고 디지털카메라 시대가 시작된다. 적은 비용으로 사진 수급이 가능해지자 기업 홍보를 위한 사보의 수준이 높아졌다. 능력 있는 프리랜서 사진작가들은 매달 몇 개의 매체에 사진을 기고했다. 하지권 작가는 자유로운 사보 형식의 사진을 과감하게 불광에 적용하며 현대적 감성의 사진을 생산했다. 절집 구석구석을 담은 그의 시선은 부처님의 모든 것을 담으려는 듯 금강산과 인도·미얀마 등 해외불교로 향했다. 이런 그는 '불광은 사진이지' 하는 불교계의 평가를 이끌어 냈다.

적상산 안국사 ©윤명숙
2005년 1월호 표지에 수록.

몽골 간단사 관음전 중앙석탑 ⓒ윤명숙
2005년 1월호 '불국토순례기-몽골'에 수록.

몽골 간단사 관음전 오른쪽에 자리한 팅허르 사원 ©윤명숙

2005년 1월호 '불국토순례기-몽골'에 수록.

몽골 간단사 윤장대 ©윤명숙

2005년 1월호 수록.

대둔산 태고사 도천 스님 ©윤명숙
"일하는 가운데 마음공부를 해야 세상난리가 멎어집니다."
1997년 10월 '선지식 탐방'에 수록.

백양사 조실 서옹 스님 ⓒ윤명숙

"젊은 혈기에 독립운동을 해야 한다고 생각했어요. '아 간디처럼 종교를 바탕으로 하는
독립운동을 해야겠구나' 하고 생각하게 됐어요." 1995년 1월호 '노사의 운수시절'에 수록.

"몇 개의 돌계단을 오르자 나뭇잎 사이로 밝은 기운이 느껴진다. 돌계단을 좀 더 밟고 올라서자 평지 위에 거대한 바위가 보이면서 마애불상의 조각이 보인다. 40m의 거대한 암벽에 감실을 파고 그 안에 조각된 불상의 크기는 무려 15m나 되는 고려시대 마애불이다."(글. 하지권)

금강산 묘길상 ©하지권
2007년 9월호 '금강산의 4계-여름'에 수록.

"바람결에 풀이 누웠다. 그 사이로 표훈사의 옛 흔적으로 보이는 주춧돌 하나가 보인다. 길게 자란 풀 사이에 주춧돌은 예전에 어떤 건물을 받치던 머릿돌로 사용됐을 것이다. 나름대로 사연을 가진 주춧돌이 왠지 마음을 끌어당긴다."(글. 하지권)

금강산 표훈사 옛 흔적 ⓒ하지권
2007년 9월호 수록.

금강산 상팔담 ⓒ하지권
"구룡폭포를 비껴 상팔담으로 오른다. 어느덧 정상에 올라 내려다본 상팔담의 모습은
감동 그 자체이다."(글. 하지권) 2007년 9월호 수록.

금강산 보덕암 ⓒ하지권

"기암절벽에 아슬아슬하게 기대어 있는 자그만 암자. 만폭동 분설담의 오른쪽
절벽에 매달려 감탄사가 절로 터진다."(글. 하지권) 2007년 9월호 수록.

"가을 금강산을 풍악산이라 부른다. 장안사터 저편에 부도 한 기가 눈에 띈다. 절은 흔적만 남고, 부도만 홀로 서 있다. 지난 시절 호사는 사라지고 풍경은 쓸쓸하다. 금강산 4대 사찰 중의 하나였던 장안사는 515년 신라 법흥왕 때 진표율사가 창건한 절이다. 대웅전에 비로자나불을 모셨다. 그래서 절의 북쪽에 금강산의 최고봉을 비로봉이라 이름 붙였다고 전해진다." (글. 하지권)

금강산 장안사터 부도 ⓒ하지권
2007년 12월호 '금강산의 4계-가을 풍악산'에 수록.

"석가불, 미륵불, 아미타불로 새겨진 삼불암은 높이 8m, 길이 9m의 삼각형 바위에 새겨진 마애불상이다. 표훈사를 뒤로 하고 숲길을 따라 내려오면 삼불암을 지나게 된다. 바위에 새겨진 세 명의 부처가 이곳을 지나는 사람의 복을 빌어준다는 전설이 있다." (글. 하지권)

금강산 삼불암 ©하지권
2007년 12월호 수록.

팔공산 관봉석조여래좌상 ©하지권
'갓바위 부처님'으로 알려진 관봉석조여래좌상은 2008년 국보로 승격됐다.
2008년 1월호 '테마가 있는 사찰기행'에 수록.

"수능도 끝난 데다 겨울 바람이 매섭게 불어오는 추운 날씨에도 불구하고, 갓바위 앞에 기도객들로 가득하다. 땀범벅이 되도록 연신 절을 하는 이도 있고, 그저 묵묵히 앉아 염주를 돌리는 이도 있다. 촛불을 켜고 향 하나를 사루는 데도 그 어느 때보다 진지하고 정성스럽다. 이 모든 이들을 갓바위 부처님은 아무 말 없이 지그시 내려다 보고 있었다." (글. 양동민)

팔공산 '갓바위 부처님'께 기도 드리는 사람들 ⓒ하지권
2008년 1월호 수록.

명정 스님 ⓒ하지권
"경봉 스님 열반에 드시던 날, 이 좁은 도량에 3만 명이 넘게 모였어. 인터뷰하랴, 손님 맞이하랴, 그러다
잠깐 짬이 나면 뒤에 가서 딱 두 번 엉엉 울다가 다시 뛰어다녔어." 2008년 1월호 '흠모'에 수록.

쌍계사 승가대학장 통광 스님 ⓒ하지권
"가거나 오거나 앉으나 누우나 한 생각을 놓치지 말고, 일념으로 정진하여 견성오도(見性悟道)
하시기를 간절히 바랍니다." 2008년 2월호 '살아있는 명법문' 수록.

서울 봉은사 주지 명진 스님 ⓒ하지권
"선방에서 세상에 나와 실제 부딪힘 속에서 나 자신을 돌아보게 되고, 부처님 가르침을 어떻게
전달할지 고민하다 보니 공부도 잘되고 수행도 잘됩니다." 2008년 5월호 '만남, 인터뷰'에 수록.

부산 관음사 주지 지현 스님 ⓒ하지권

"불교 공부란 오늘 우리의 모습을 부처님 거울에 비추어보는 것이 아닐까요. 어떻게 보면
우리의 삶 전체가 부처님께 올리는 공양일 수 있지요." 2008년 12월호 '만남, 인터뷰'에 수록.

"나이란자강 옆 보리수나무가 그려놓은 그림자 아래 아이들이 배드민턴을 치고 있다." (글. 하지권)

인도 부다가야 보리수나무 ⓒ하지권
2008년 3월호 '인도성지순례1-부다가야, 룸비니'에 수록.

"마하보디탑에서 티베트의 스님이 탑돌이를 하고 있다. 그리고 탑의 면에는 부처님의 모습이 부조로 섬세하게 조각돼 있다. 왼쪽에는 부처가 정각을 이루셨다는 보리수나무의 6대손 정도 되는 보리수나무가 보인다."(글. 하지권)

인도 부다가야 보마하보디탑 ⓒ하지권
2008년 3월호 수록.

"2008년 8월 27일에 열린 '헌법파괴·종교차별 이명박 정부 규탄 범불교도대회'는 정부의 종교
편향 정책에 분노한 불심(佛心)의 모습을 여실히 보여준 현장이었다. 2천만 불자들을 대표해 모인
20만 인파의 아우성은 다름 아닌 차별이 없는 세상을 염원하는 것이었다." (글. 유응오)

범불교도대회 ©하지권
2008년 10월호 '범불교대회의 의미와 과제'에 수록.

"2008년 9월 4일 지리산의 하늘은 맑고 청명했다. 바람결 따라 구름도 흘렀다. 숲에서 들리는 산새의 지저귐은 어제와 다르지 않았다. 그러나 노고단에서 만난 수경 스님과 문규현 신부님의 모습은 달랐다. 스님과 신부님은 사람의 길, 생명의 길, 평화의 길을 찾아 오체투지라는 험난한 여정의 첫걸음을 시작한다. 누구의 잘못을 탓하기 전 두 분은 인간의 욕망이 배설한 무겁고 음흉한 것들을 몸소 지고 땅에 몸을 던졌다." (글. 하지권)

수경 스님, 문규현 신부 오체투지 ©하지권
2008년 10월호 '오체투지 순례'에 수록.

"부다가야의 마하보디사원 앞에는 관광지답게 많은 상인이 나와 장사를 하고 있다."(글. 하지권)

인도 부다가야 마하보디사원 앞 행상 ⓒ하지권
2008년 3월호 '인도성지순례1 - 부다가야, 룸비니'에 수록.

"추운 날씨에도 불구하고 많은 사람들이 갓바위에 올라 기도 드리는 데 여념이 없다."(글. 양동민)
지금은 기도객들을 위한 지붕이 지어졌다.

팔공산 '갓바위 부처님'기도객들 ⓒ하지권
2008년 1월호 '테마가 있는 사찰기행'에 수록.

해남 달마산 미황사 대웅전 ©하지권
2009년 2월호 표지에 수록.

구례 산동 산수유마을 ⓒ하지권
2009년 3월호 표지에 수록.

"문수산 축서사 기와지붕의 모습은 마치 독수리의 날개짓 같다.
축서사 북암은 독수리 품에 깃든 또 한 마리의 독수리다."(글. 이진영)

축서사 북암 ©하지권
2009년 4월호 '마음으로 떠나는 산사여행'에 수록.

"북암의 화장실은 암주 기후 스님의 모습처럼 고요하고 염결하다." (글. 이진영)

축서사 북암 해우소 ⓒ하지권
2009년 4월호 수록.

해인사 정대불사 ©하지권
2009년 5월호 표지에 수록.

인도 부다가야 마하보디사원 ⓒ하지권
2008년 3월호 '인도성지순례1 – 부다가야, 룸비니'에 수록.

정토회 지도법사 법륜 스님 ©최재승
"인류 문명의 한계를 극복할 수 있는 문명 전환 운동을 펼쳐나갈 생각입니다."
2009년 4월호 '만남, 인터뷰'에 수록.

행불선원 월호 스님 ©최배문
"성불은 행불로부터! 바로 지금 여기에서 몸과 마음을 관찰할 뿐! 아는 만큼 전하고
가진 만큼 베풀 뿐! 행불하세요!" 2019년 5월호 '스님의 명법문'에 수록.

부산 내원정사 주지 정련 스님 ©하지권
"부처님께서는 삼계의 모든 것은 오로지 마음이 만든 것이라고 했습니다. 내 마음의 작용에
따라 스스로 만들어진, 자업자득이라는 것이지요." 2008년 12월호 '살아있는 명법문'에 수록.

통도사 반야암 지안 스님 ©하지권
"예로부터 불행한 일을 겪으면 '마음 잘 먹어라'고 말합니다. 어느 환경에 처해 있더라도 중생의
허망된 망심을 극복하고 항복받아, 그 마음을 잘 쓰고 살아야 합니다." 2014년 3월호 수록.

행복한 이주민센터 상임대표 정호 스님 ©하지권
"불교 국가에서 온 외국인 노동자들이 개신교로 개종하는 사례가 더러 있더라고요.
그래서 2007년 행복한 이주민센터를 열게 됐어요." 2009년 10월호 수록.

삼각산 금선사의 봄 ©최배문

겉으로 보면 고요하고 정적이기만 한 사찰. 자연과 하나가 되어, 시간의 흐름에 따라
색색의 옷을 갈아입는 절집들. 2019년 11월호 수록.

인생의 가을 ©하지권
2009년 10월호 표지에 수록.

서산 부석사 공양간 ©하지권
설날 떡국을 끓이는 공양간의 모습. 2010년 1월호 '사진으로 보는 풍경'에 수록.

법정 스님, 불꽃 속에서 연꽃으로 피소서!

법정 스님 영결식에서 다비식까지 ©하지권
2010년 4월호 '카메라에 담아온 세상 풍경'에 수록.

"송광사 문수전을 나서는
스님의 법구는 대나무 평상 위에
장삼 하나 걸친 너무나 간소한
모습이다. 108번의 범종이 울리고
참배객들의 '석가모니불' 염송이
울려 퍼지는 가운데,
스님은 대웅전 앞에 잠시 멈춰 섰다.
부처님께 마지막 상배를 올렸다."(글. 하지권)

법정 스님 영결식에서 다비식까지 ⓒ하지권
2010년 4월호 수록.

법정 스님 다비식 ©하지권
"조계산 중턱의 다비장. 장작은 불기둥이 되어 피어올랐다. 참배객들의 흐느낌 속에 스님의
법구는 미련 없이 산뜻하게 자리를 비운다."(글. 하지권) 2010년 4월호 수록.

법정 스님 영결식에서 다비식까지 ⓒ하지권
"3만여 참배객들은 가시는 스님의 뒤를 따랐다."
2010년 4월호 수록.

고우 스님 ⓒ하지권
"고우 스님은 간화선과 위빠사나를 '같은 내용물의 다른 보자기'라며, 공식적으로 간화선과
위빠사나가 서로 소통하는 자리가 '처음이다'라고 말문을 열었다." 2011년 5월호 수록.

파욱 스님 ©하지권

"고통의 소멸은 오온이 일어나지 않을 때 가능하다. 위빠사나가 없다면
깨달음도 열반도 없다." 2011년 5월호에 수록

미국 보스턴 서운사 주지 서광 스님 ©하지권

"사람이 복을 바라는 것 자체를 선(善), 불선(不善)의 문제로 봐서는 안 되죠. 무조건 억압·
부정하기보다는 원인과 조건들을 올바로 이해해 조화롭게 조절해나가야죠." 2009년 1월호 수록.

선재사찰음식문화연구원 원장 선재 스님 ⓒ하지권
"불교는 '모든 중생은 나와 하나'라는 불이(不二)의 연기론적 생명사상으로 출발합니다. 수행하려면
건강한 몸과 맑은 영혼이 필요해요. 그 토대는 음식이 만들어줍니다." 2011년 7월호 수록.

"바간 곳곳을 돌아다니던 여행자들은 저녁이 되면 이곳 쉐다곤 파고다로 몰려든다.
탑의 군락들 뒤로 떨어지는 이곳의 일몰 구경은 황홀 그 자체다." (글. 하지권)

미얀마 양곤 쉐다곤 파고다에서 바라본 바간의 일몰 ©하지권
2010년 7월호 '상상하고 가지 마라! 미얀마1'에 수록.

"탑의 높이는 무려 99.7m에 이른다.
양곤은 법적으로 쉐다곤 파고다보다 높은 건물을 지을 수 없다." (글. 하지권)

미얀마 양곤 쉐다곤 파고다 ⓒ하지권
2010년 6월호 '상상하고 가지 마라! 미얀마1'에 수록.

송광사 감로암 수각 ©하지권
지금은 사라진 수각의 모습. 2010년 7월호 표지에 수록.

매화 ⓒ하지권
2010년 9월호 '김춘식의 행복한 시 읽기'에 수록.

불교중앙박물관장 홍선 스님 ⓒ하지권
"문화는 사람들의 삶과 직결돼 있어, 정신을 형성하고 영혼의 문제와 맞닿아 있어요. 그렇기에 부처님의 가르침을 전파하는 데 아주 유용한 방법이죠." 2011년 5월호 '만남, 인터뷰' 수록.

봉화 청량사 주지 지현 스님 ⓒ하지권
"노보살님의 보시와 마을주민들의 도움이 없었다면 지금의 청량사는 없었을 것입니다.
이제 그들에게 모든 걸 되돌려줄 차례입니다." 2011년 9월호 '만남, 인터뷰' 수록.

사찰의 공양 ⓒ하지권
도업을 이루기 위해 이 밥을 받습니다.
2011년 3월호 '알쏭달쏭 불교생활탐구-사찰의 공양'에 수록.

지리산 연곡사의 봄 ©하지권
"노란 산수유꽃, 붉은 동백꽃, 새하얀 매화까지. 연곡사에 색색의 봄꽃이 흐드러지게 피어
꽃대궐을 이뤘다."(글. 하지권) 2011년 4월호 표지에 수록.

"아직도 귓가에 그때의 함성과 강강술래 가락이 감도는 듯합니다. 몇 주가 지났지만 연등축제 사진을 정리하다 보니, 다시 가슴에 환희로움이 벅차오릅니다. 여기가 어딜까요? 우리나라 맞습니까?"(글. 하지권)

연등축제 ©하지권
2011년 6월호 '카메라에 담아온 세상 풍경'에 수록.

"사진을 찍은 나도 흥에 겨워 춤을 추었는지 초점이 흔들린 사진이 많네요. 그래도 웃음이 입가에 묻어납니다. 오늘도 좋은 날인가 봅니다."(글. 하지권)

연등축제 ⓒ하지권
2011년 6월호 수록.

범어사 강원에 세워진 빗자루 ©하지권
"암만 봐도 깨끗한 마당인데, 절집에선 매일 아침 마당을 쓸고 또 쓴다. 마음의 번뇌를
함께 쓸어내는 것이다."(글. 하지권) 2011년 7월호 표지에 수록.

오대산 상원사 너머에서 바라본 달 ⓒ하지권
"불가에서는 항상 스승의 중요성을 이야기한다. 마치 밤하늘에 뜬 저 달이 실은 태양의
빛으로 세상을 환하게 비추듯 말이다."(글. 하지권) 2011년 12월호 표지에 수록.

363호, 2005년 1월호

364호, 2005년도 2월호

365호, 2005년도 3월호

366호, 2005년도 4월호

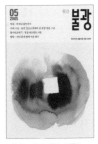

367호, 2005년도 5월호

368호, 2005년도 6월호

369호, 2005년도 7월호

370호, 2005년도 8월호

371호, 2005년도 9월호

372호, 2005년도 10월호

373호, 2005년도 11월호

374호, 2005년도 12월호

375호, 2006년도 1월호

376호, 2006년도 2월호

377호, 2006년도 3월호

378호, 2006년도 4월호

379호, 2006년도 5월호

380호, 2006년도 6월호

381호, 2006년도 7월호

382호, 2006년도 8월호

383호, 2006년도 9월호

384호, 2006년도 10월호

385호, 2006년도 11월호

386호, 2006년도 12월호

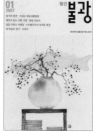

387호, 2007년도 1월호

388호, 2007년도 2월호

389호, 2007년도 3월호

390호, 2007년도 4월호

391호, 2007년도 5월호

392호, 2007년도 6월호

393호, 2007년도 7월호

394호, 2007년도 8월호

395호, 2007년도 9월호

396호, 2007년도 10월호

397호, 2007년도 11월호

398호, 2007년도 12월호

399호, 2008년도 1월호

400호, 2008년도 2월호

401호, 2008년도 3월호

402호, 2008년도 4월호

403호, 2008년도 5월호

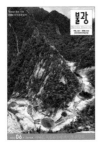

404호, 2008년도 6월호

405호, 2008년도 7월호

406호, 2008년도 8월호

407호, 2008년도 9월호

408호, 2008년도 10월호

409호, 2008년도 11월호

410호, 2008년도 12월호

411호, 2009년도 1월호

412호, 2009년도 2월호　　413호, 2009년도 3월호　　414호, 2009년도 4월호　　415호, 2009년도 5월호

416호, 2009년도 6월호　　417호, 2009년도 7월호　　418호, 2009년도 8월호　　419호, 2009년도 9월호

420호, 2009년도 10월호　　421호, 2009년도 11월호　　422호, 2009년도 12월호　　423호, 2010년도 1월호

424호, 2010년도 2월호　　425호, 2010년도 3월호　　426호, 2010년도 4월호　　427호, 2010년도 5월호

428호, 2010년도 6월호

429호, 2010년도 7월호

430호, 2010년도 8월호

431호, 2010년도 9월호

432호, 2010년도 10월호

433호, 2010년도 11월호

434호, 2010년도 12월호

435호, 2011년도 1월호

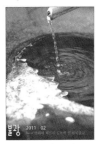
436호, 2011년도 2월호

437호, 2011년도 3월호

438호, 2011년도 4월호

439호, 2011년도 5월호

440호, 2011년도 6월호

441호, 2011년도 7월호

442호, 2011년도 8월호

443호, 2011년도 9월호

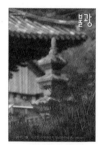  

444호, 2011년도 10월호   445호, 2011년도 11월호   446호, 2011년도 12월호

2012~2020

불광의 시간

2012년, 월간 「불광」은 표지를 포함해 모든 면을 컬러화했다. 세상은 디지털 시대로 넘어가고 있었다. 시대의 흐름에 맞춰 판형도 커졌으며, 디자인 역시 보다 전문화됐다. 전문 디자인 제작업체가 월간 「불광」에 참여하며 시대 흐름에 맞춰 현재의 판형과 편집 형식으로 디자인했다. 디자인과 사진의 비중이 커졌고 이미지 활용 빈도가 높아졌다. 2016년은 국내의 내로라하는 사진작가들이 불교 소재 사진을 실은 해였다. 당시 참여 작가 가운데 관조 스님·한정식·강운구·육명심·구본창·이갑철 작가 등의 사진이 이번 호에 담겼다. 하지권 작가의 뒤를 이은 최배문 작가가 불광에 본격 참여했다. 그는 이전 어느 작가보다 광각 렌즈를 과감하게 사용했고, 그런 과감한 시선과 적극성은 불교 무형문화 순례 기획과 인물 촬영에서 빛을 발한다. 그는 인물과 소통하는 공감 능력이 남다르다. 훌륭한 기획과 디자인에 최배문 작가의 열정과 노고가 더해짐으로써 불광이라는 큰 집이 완성된 시기다.

"딱 5년 만이다. 지난 2006년 12월 '테마가 있는 사찰 기행' 취재차 일출을 보기 위해서였다. 당시 낙산사는 2005년 식목일 화재로 인해 곳곳에 불에 탄 흔적이 확연했다. 한겨울임에도 복원작업이 한창이었다. 땅을 고르는 굴삭기, 돌 다듬는 소리 사이로 화마가 비껴간 7층석탑, 해수관음상, 홍련암의 기도행렬과 목탁소리가 미묘한 조화를 이루고 있었다. 낙산사 템플스테이의 백미는 해맞이다. 어둠을 가르며 멀리 동해바다 수평선 너머에서 떠오르는 일출의 장관은 아름다움을 넘어서는 경지다. 순간 숨을 멎게 한다. 가슴을 후끈 용솟음치게 만드는 불덩이다. 다시금 삶의 의욕을 충동하는, 꿈을 이루게 하는 원동력이다. 해맞이하며 둘러본 낙산사는 그 자체로 희망의 산물이었다. 잿더미를 딛고 일어선 전화위복의 생생한 현장이다." (글. 양동민)

낙산사에서 바라본 해돋이 ⓒ하지권
2012년 1월호 '우리 절에 안기다'에 수록.

"흐트러진 마음을 다잡아야 할 때,
정진의 시작과 끝을 알릴 때,
한 철 동안 스님들과 함께하는
죽비는 또 다른 도반이다."(글. 유철주)

죽비소리 ⓒ하지권
2012년 3월호 '선불교 100년, 침묵의 천둥소리'에 수록.

영천 은해사 백흥암 공양간 ©하지권
사찰에서는 부뚜막 위에 조왕탱화를 그려 모신다. 공양 준비 전후에 조왕신께 예를 갖춰 합장한다.
2012년 2월호 '생명의 속삭임, 사찰음식'에 수록

혜국 스님 ⓒ하지권
"내가 부처라는 사실, 누구나 부처가 될 수 있다는 부처님 말씀을 굳게 믿고 걸어가세요."
2012년 3월호 '선불교 100년, 침묵의 천둥소리'에 수록.

제따와나선원 일묵 스님 ©하지권

"죽음이 현실감 있게 다가왔을 때, 20년 넘게 공부한 지식이 쓸모가 없더라고요. 이후 죽음의 공포에서 벗어나기 위해 길을 찾으면서 불교와의 만남이 이뤄졌습니다." 2011년 2월호 수록.

청도 운문사 진광 스님 ⓒ하지권

"즉사이진(卽事而眞), 은사 명성 스님이 항상 강조하는 말씀이다. 좋은 은사, 좋은 상좌란
인연의 결과인 동시에 노력의 결과이기도 하다." 2012년 9월호 '스승과 제자'에 수록.

"영산재는 범패와 작법무, 그리고 기악으로 이루어진다. 소리와 춤, 악기 연주로 구성되는 불교문화예술의 꽃이다."

법고무 ©최배문
2012년 8월호 '음악, 불교를 노래하다'에 수록.

"사물 중 하나인 법고는 범패와 작법무를 지원하는 악기의 역할도 하지만 법고무를 통해 웅장한 춤동작을 보여준다."

법고무 ©최배문
2012년 8월호 수록.

영암사지 금당 뒤에서 본 석등 ©하지권
2013년 3월호 '사진감성'에 수록.

서울 봉은사 주지 진화 스님 ⓒ최배문
"소임자가 열심히 살면 그만큼의 효과가 바로 나타나는 것을 경험했습니다."
2013년 5월호 '아, 불교!'에 수록.

조계종 중앙종회의장 법등 스님 ⓒ최배문
"모연(募緣)하면서 사리장사 하러 왔느냐는 말도 수없이 들었습니다. 믿을 구석은 딱 한군데였어요.
'부처님 일인데 설마 안 되겠나.' 하는 마음자리였지요." 2014년 10월호 '만남, 인터뷰' 수록.

"비구 스님이 오전 예불을 드리는 대법당이다. 경전을 다 같이 소리 내어 읽는다. 해발 3,900m
땅 위 대법당에서 울려오는 경전 읽는 소리와 손에 쥔 마니차의 쉼 없는 회전은 종교와 삶이 하
나임을 말해준다."(글. 하지권)

동티베트 야칭불학원 ©하지권
2013년 5월호 '지구촌 불교성지'에 수록.

"한겨울 얼마나 추웠을까? 붉게 타들어간 스님들의 양쪽 볼이 인상적이다. 자줏빛 승복의 옷깃을 세우고 몸을 움츠려 걷는 스님의 모습은 이곳의 척박함을 알려준다. 하지만 스님들의 미소만은 그 매섭던 추위도 녹일 만큼 부드럽고 따뜻했다. 아마도 수행이 일상화되었기에, 이런 아름다운 미소가 깃드나 보다."(글. 하지권)

동티베트 야칭불학원 ⓒ하지권
2013년 6월호 '지구촌 불교성지'에 수록.

동티베트 야칭스의 얼굴 ⓒ하지권
"공양간에서 분주하게 일을 하고 난 후, 따뜻한 버터차 한 잔으로 몸을 녹인다." (글. 하지권)
2013년 6월호 수록.

동티베트 야칭스의 비구니 스님 ⓒ하지권
"법당 안으로 쏟아지는 햇살 아래, 비구니 스님이 정성스레 기도를 드리고 있다." (글. 하지권)
2013년 6월호 수록.

발우 명인 김을생 ⓒ하지권
"전통이 사양길에 접어드는 것도 막을 수 없는 흐름이겠지요. 하지만 나라가 잘되기 위해서는
전통문화를 이어나가야 합니다."(김을생) 2013년 8월호 '명품을 만드는 사람들'에 수록.

부천 부처님마을 주지 보현 스님 ©하지권
"음악을 통해 서로의 마음을 치유하고 소통할 수 있는 음성공양의 장을 많이
마련하려고 해요."(보현스님) 2013년 10월호 '만남, 인터뷰'에 수록.

"하동 칠불사 회주 제월당 통광 스님이 원적에 드셨다. 통광 스님이 누구던가. 지리산 칠불사를 복원하고 선교(禪教)에 걸쳐 두루 후학 양성에 진력했던 불교계의 큰 어른이다. 한 생 청빈하게 살며 수행자의 진면목을 몸으로 보여주던 분이다. 그런데 스님이 한 생 툭툭 털고 우뚝 일어나 먼 길을 떠나신단다. 아직 저 산허리에는 신록이 가득한데, 스님이 가실 그 길 따라 경내에는 코스모스만 가득 피었다."(글. 정하중)

칠불사 회주 통광 스님 다비식 ⓒ하지권
2013년 10월호 '사진감성'에 수록.

"어느새 일주문 밖, 스님이 가시는 그 길 초입에 사람들이 모였다. 다시는 듣지 못할 스님의 마지막 법문을 듣겠다며 사부대중이 손을 모은다. 떠나기 전 마지막 법문 한 번 들려주옵소서. 칠불사 큰어른의 야단법석이 열렸다. 한참을 꿈쩍 않고 기다리던 스님이 문중 후학들의 부축을 받아 연화대에 올랐다. 이윽고 스님의 마지막 법문이 시작된다."(글. 정하중)

통광 스님 다비식 ©하지권
2013년 10월호 수록.

통광 스님 다비식 ⓒ하지권
"눈부신 화염은 스님의 손짓이요, 이글거리는 열기는 스님의 말 없는 열변이다."(글. 정하중)
2013년 10월호 수록.

통광 스님 다비식 ©하지권
"높지 않은 소리로 타닥타닥 온몸을 불살라 지수화풍(地水火風) 만물이 돌고 도는
그 이치를 보여주고 스님은 그렇게 먼 길을 떠났다."(글. 정하중) 2013년 10월호 수록.

부산 범어사 무비 스님 ©최배문
"부처님은 수미산처럼 큰 초와 심지를 태평양 바닷물만큼 많은 기름에 넣어 촛불을 켜서 공양
하더라도, 그 공덕보다 '법공양이 제일'이라고 하셨죠." 2013년 11월호 '만남, 인터뷰'에 수록.

해남 일지암 법인 스님 ©최배문
"수행자가 산사를 떠나 도심에서 살아가는 일은 새가 숲을 떠나 낯선 세상에서 날갯짓하는
것과 같다." 2014년 2월호 '청년 출가, 암자 수행 30일'에 수록.

백운암 상도선원 선원장 미산 스님 ©하지권
"마음이 자꾸 지금 여기를 떠나게 되면, 입으로 '지금 여기'라고 말하세요. 나를 지금 여기로
잡아오는 것입니다."(미산 스님) 2014년 1월호 '살아있는 명법문'에 수록.

해남 미황사 주지 금강 스님 ©하지권
"끝까지 남아 (세월호) 희생자 가족과 함께하려 합니다."(금강 스님)
2014년 6월호 '만남, 인터뷰'에 수록.

문경 봉암사 수좌 적명 스님 ©하지권
"둔공(鈍功)이라고 했습니다. 화두가 계속 들리든 안 들리든 바닷물을 바가지로 퍼 올리는
사람처럼 우직하게 하길 바랍니다." 2014년 11월호 '특별인터뷰'에 수록.

백양사 율주 혜권 스님 ©하지권
"돌고 도는 윤회 속에서, 모든 인연이 다겁 부모, 다겁 스승이요,
결국은 둘이 아닌 이치인 거야." 2015년 3월호 '지금, 다시 인욕바라밀'에 수록.

전남대학교 철학과 이중표 교수 ©최배문
"부처님의 초기경전들은 초기의 불교가 아니다. 모든 불교의 뿌리가 된 불교다. 나는 부처님이
말씀하신 아함경과 니까야의 불교를 근본불교라고 부른다." 2016년 3월호 '만남'에 수록.

정신과 의사 전현수 박사 ©최배문

"불교의 어마어마한 지혜와 능력, 이런 모든 것들을 여는 것은 집중으로부터 시작돼요. 현재에
집중하는 것. 집중은 보물창고를 여는 마스터키입니다." 2016년 1월호 특집에 수록.

통도사 ©하지권
2014년 1월호 '그곳에 절이 있다'에 수록.

쌍계사 봄꽃 ©하지권
2015년 3월호 '사진감성'에 수록.

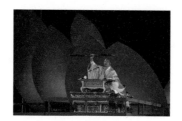

세계 간화선 무차대회 ©하지권

2015년 6월호 수록.

세계 간화선 무차대회 ©하지권
2015년 6월호 수록.

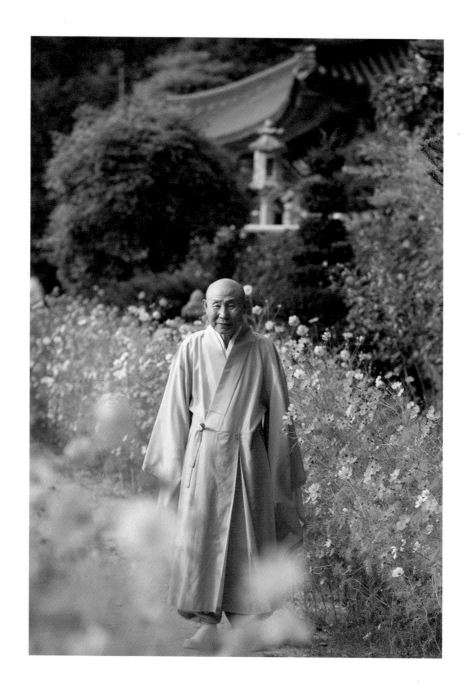

봉화 축서사 회주 무여 스님 ⓒ최배문
"당신 누구냐? 너 자신을 찾으라는 것인데요. 난도질하듯 너 자신을 찾아보라는 것입니다."
2015년 10월호 '행복하게 늙는 법'에 수록.

장성 백양사 천진암 정관 스님 ©최배문

"공양 때 김은 평등보시였어요. 노스님 막내스님 모두 한 장이면 한 장, 석 장이면 석 장이었죠.
위낙 귀하니 오히려 다 같이 나누자, 이런 마음이었겠죠." 2015년 2월호 '사찰음식기행'에 수록.

"사진이란 무엇인가를 늘 생각하다 보면 언젠가는 자신만의 답을 찾을 수 있을 것이다." 그가 생전 교단에 있을 때 제자들에게 당부처럼 던진 말이다. 그의 대표 작품 시리즈 '고요'는 제자들에게 던진 숙제가 평생 자신이 들고 있던 화두였다는 것을 보여준다. 「불광」 2016년 1월호에 실린 '고요' 사진들은 한정식이 완성하려 했던 사진의 결정체와 같다.

　　서울대 국어교육과를 졸업하고 1960년대 일본 니혼대에서 사진학을 전공했다. 1982년부터 중앙대 사진학과 교수로 부임해, 2002년 은퇴할 때까지 수많은 후학을 가르쳤다. 1960년대부터 한국 고유의 미와 동양 철학을 바탕으로 '한국적 사진예술'의 기틀을 마련했으며, 1987년 '카메라루시다' 한국사진학회를 창립, 한국사진예술의 대표 이론서 『사진예술개론』을 포함해 20여 권의 사진이론서와 사진집을 발간함과 동시에 '나무' '발' '풍경론' '고요' 시리즈 등을 통해 한국적 예술사진을 개척했다. 2015년에는 국립현대미술관에서 한국현대미술작가 5인에 선정, 그의 평생에 걸친 작업들을 소개하는 '한정식_고요' (2017, 국립현대미술관) 전시를 개최했다. 그의 작품들은 서울시립미술관, 서울역사박물관, 한미사진미술관, 고은사진미술관 등에 소장됐다.

한
정
식

(1937-2022)

"내가 절을 찾는 것은 절이 좋아서다. 절이 좋은 것은 고요해서다." (글. 한정식)

고요 ⓒ한정식
2016년 1월호 '천개의 눈'에 수록.

"요즈음 설은 관광객으로 시끄럽기는 해도 그것은 잠시, 그들이 썰물처럼 빠지고 나면 다시 귀가 째앵 하는 고요로 깊이 잠긴다. 산속에 자리한 그 마음이 우선 고요하다."(글. 한정식)

고요 ©한정식
2016년 1월호 수록.

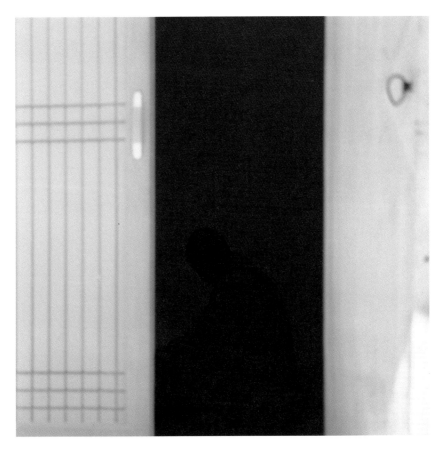

"산에서는 물도, 풀도, 돌도, 모두 고요하다.
사람조차도 산에 들고 절에 안기면 고요해진다."(글. 한정식)

고요 ⓒ한정식
2016년 1월호 수록.

"일상이 증발한 곳. 절에서는 우리의 삶도 말갛게 바랜다.
절에서는 모든 사물이 추상화된다."(글. 한정식)

고요 ⓒ한정식
2016년 1월호 수록.

"내 발이 디디고 선 땅조차도 백지장처럼 무게를 잃는다.
무중력의 우주적 공간이 거기 펼쳐진다."(글. 한정식)

고요 ⓒ한정식
2016년 1월호 수록.

장흥 보림사 석탑 ⓒ최배문
2016년 1월호 '이광이의 절집방랑기'에 수록.

산청 대원사 동국선원 선원장 성우 스님 ©최배문
"좋은 씨 뿌리고 좋은 수확을 하라 할 뿐이지, 무씨 부린 데, 배추 안 나."
2016년 1월호 '어의운하'에 수록.

침묵 ⓒ이강철
2016년 2월호 첫개이 눈에 수묵.

연세대 영문학과와 홍익대 대학원 미학미술사학과를 졸업했
다. 1972년부터 서라벌예술대학 사진과에서 세계사진사를 강
의했고, 신구전문대학을 거쳐, 1999년 서울예술대학 사진과 교
수로 정년퇴임했다. 인간의 본질 또는 근원을 향한 물음을 가장
한국적인 소재를 통해 표현해온 사진가로, 1960년대 후반에 초
기 사진인 '인상' 연작, 1960년대 후반부터 1970년대 중반까지
'예술가의 초상' 연작, 1970년대 '백민白民' 연작, 1980년대 '검
은 모살뜸' '장승' 연작 등의 사진 작업을 이어 왔다. 그의 사진
은 우리 고유성에 대한 깊은 탐구를 제시하고, 나아가 삶과 죽
음에 관한 깨달음의 세계를 향하고 있다.

사진저작으로 『한국현대미술사: 사진』(1978), 『세계사진가
론』(1987), 『사진으로부터의 자유』(2005), 『문인의 초상』(2007),
『장승』(2008), 『예술가의 초상』(2011), 『육명심』(2011), 『이산가
족』(2018), 『백민』(2019) 등이 있다. 동아국제사진살롱전 은상
(1968), 제12회 동아사진콘테스트 특선(1974), 은관문화훈장
(2016) 등을 수상했다.

육
명
심

(1932~)

하늘과 땅이 만나는 곳 ©육명심
"하늘이 곧 사원의 천정이다. 국토의 전역이 그대로 사원의 마룻바닥이다. 이렇듯 티베트는
마치 거대한 하나의 자연사원이라고나 할까."(글. 육명심) 2016년 3월호 '천 개의 눈'에 수록.

"그러니 일단 티베트에 입국하면 어디를 가나 우리는 사원의 경내를 돌아다니고 있는 셈이다."
(글. 육명심)

하늘과 땅이 만나는 곳 ⓒ육명심
2016년 3월호 수록.

"이곳에서 사는 사람들의 일상적인 관심사는 어디를 가나 생과 사의 문제에 초점이 모아져 있다."
(글. 육명심)

하늘과 땅이 만나는 곳 ©육명심
2016년 3월호 수록.

"우리나라 전국을 일일 생활권으로 뚫어 놓은 고속도로처럼 티베트에도 전 국토를 관통하는 큰 길이 하나 뚫려 있다. 그것은 현세에서 내세를 향한 길이다."(글. 육명심)

하늘과 땅이 만나는 곳 ⓒ육명심
2016년 3월호 수록.

"티베트불교의 격언에 '신을 올바르게 섬기고자 하면 자신이 신이 되지 않으면 안 된다'라는 말이 있다. 티베트 땅을 차례를 거듭해서 드나들수록 이 말을 가슴으로 더욱 실감하게 된다. 자신이 신의 아들임을 자각한 예수를 십자가에 못 박은 사람들과는 생판 다르다."(글. 육명심)

하늘과 땅이 만나는 곳 ⓒ육명심
2016년 3월호 수록.

"부처님 점안식 장엄물 중 팔엽, 금강저, 법륜, 다라니, 열금강지방지도(列金剛地方之圖), 조상경진언(造像經眞言) 등을 창호지로 직접 만들고 붓으로 쓴다. 근래에 점안식 장엄물은 모두 인쇄된 것으로 사용한다. 조악하다. 스님은 7일 동안 쉼 없이 이 작업에 몰두한다. 창호지를 접어 가위로 팔엽과 금강저 형상을 쓱쓱 오려낸다. 지금은 건강이 좋지 않아 손이 떨린다. 그만큼 집중력이 더해진다. 흐트러짐이 없다. 무수히 반복된 동작이다. 심동필부동(心動筆不動). 붓은 그대로 있고 마음이 쓴다."(글. 김성동)

부산 복천사 회주 혜문 스님 ©최배문
2016년 2월호 '어의운하'에 수록.

"혜거 스님은 왜 고전인 『도덕경』을 강의하는가. 『도덕경』은 사람이 갖추어야 할 틀, 나라를 다스리는 일 등 대단히 현실적이다. 불경은 현실을 초현실로 접근한다. 그 초현실은 현실의 본래 모습이다. 부처님 명호 열 가지 중에 '세간해(世間解)'가 있다. 불경은 현실적이다. 초현실로 착각하면 안 된다. 『도덕경』은 배타성이 없고, 불경을 더 현실적으로 읽을 수 있는 힘을 준다. 불교를 더 잘 이해할 수 있게 해준다. 노자의 세간법은 방편이다."(글. 김성동)

금강선원 선원장 혜거 스님 ⓒ최배문
2016년 3월호 '어의운하'에 수록.

통도사에서 ©구본창
"소리 없이 탑을 돌고 있는 불자들의 모습과 분홍빛의 연등은 모든 것을 잊게 해주는
멋진 장면이다."(글.구본창) 2016년 4월호 '천 개의 눈'에 수록.

통도사에서 ©구본창

"부처님오신날 즈음 화려하게 장식된 금강계단을 중심으로 수많은 불자들이
탑돌이를 하는 모습은 매우 인상적이다."(글. 구본창) 2016년 4월호 수록.

통도사에서 ©구본창
"대웅전 내부의 수리가 한창일 때 운이 좋게도 천장과 벽의 탱화를
가까이 볼 수 있었다."(글.구본창) 2016년 4월호 수록.

통도사에서 ⓒ구본창

"이름 모를 화상들이 그렸던 그림들이 오랜 시간 동안 퇴색한 색감과 함께
기운을 뿜으며 숨 쉬고 있다."(글.구본창) 2016년 4월호 수록.

통도사에서 ©구본창
"산으로 둘러싸여 포근히 안겨 있는 통도사는 선조들이 얼마나 좋은 위치에
절을 자리 잡았는지를 보여준다."(글. 구본창) 2016년 4월호 수록.

통도사에서 ©구본창
"대웅전 내부에서 유리창을 통해 금강계단을 바라보게 되어 있는데, 자장 율사가 당나라에서
모시고 온 부처님의 정골 사리가 봉안된 곳이다." (글. 구본창) 2016년 3월호 수록.

"관룡사는 단아하면서도 창연하고, 오랜 세월의 호흡이 살아있다. 돌 하나, 나무 하나에 옛 이야기가 가득하다. 그중에 눈여겨보아야 할 것이 불상이다. 용선대 석조석가여래좌상은 신라시대, 약사전 석조여래좌상은 고려시대, 대웅전 목조석가여래삼불좌상은 조선시대의 것이다. 시대별로 불상이 있고, 셋 다 보물인 경우는 이곳뿐이다. 동틀 무렵, 용선대로 올라갔다. 깎아지른 듯 바위가 솟아오른 벼랑 앞에 한세상을 품을 만한 산과 들, 능선이 역광의 실루엣으로 드러나는 탁 트인 풍광이 펼쳐져 있다. 바위는 출항을 앞둔 배의 형상이다. 배의 이름은 반야용선(般若龍船). 거기 앉아 있는 석불은 이 배의 선장이다. 출발지는 관룡사, 목적지는 피안이다."(글.이광이)

창녕 관룡사 용선대 석조석가여래좌상 ⓒ최배문
2016년 4월호 '이광이의 절집방랑기'에 수록.

"정토는 어디이며, 정말 용선은 출항할까 하고 의심을 내었을 때, 골과 산의 선들이 붉게 물들고, 서서히 해가 떠올랐다. 따사로운 아침 빛이 부처의 얼굴에 닿은 바로 그때, 정말 믿을 수 없는 일이 일어났으니, 나는 그 순간 석불의 입이 열리는 것을 '관(觀)'한 것이다. 아득한 시간의 저편, 적멸의 공간에서 마침내 들려오는 떨림이 있었으니, '수보리여, 반야(般若)의 물이 차올랐느냐, 그러면 바라밀다(波羅蜜多), 저 언덕으로 떠날 때가 되었구나. 아제아제바라아제바라승…!' 그러고는 정말 용선이 움직이기 시작하더니, 용이 승천하는 것처럼, 허공 위로 둥실 떠오르는 것이 아닌가! 내가 관룡사에서 품었던 한 가지 소원, '관룡'은 무엇일까 알고 싶었던 의문은 거기서 풀렸다. 물이 흘러가는 것, 꽃이 지는 것, 떠나가는 것을 물끄러미 바라보는 것, 그것이 바로 '관룡(觀龍)'이었다."(글. 이광이)

창녕 관룡사 ©최배문
2016년 4월호 수록.

부처님의 손 ©관조 스님
2016년 5월호 '천 개의 눈'에 수록.

부처님의 손 ©관조 스님

2016년 5월호 수록.

원영 스님 ©최배문
"승가의 기본 생활 원칙은 떠날 수 있게 간소하고 검소하게 사는 것입니다."
2016년 7월호 '붓다빅퀘스천 강연'에 수록.

초기불전연구원 지도법사 각묵 스님 ⓒ최배문
"초기불교의 핵심은 모든 요소를 해체해서 보기입니다. 궁극적인 행복에 이르는 방법입니다."
2016년 2월호 '만남'에 수록.

영축산 문수원 수안 스님 ©최배문

"스님에게는 각(刻), 서(書), 화(畵)를 하는 근육이 있다. 스님의 원력은 한반도 모든 백성이
스님의 선화 한 점씩, 부처님 한 분씩 갖는 것이다." (글. 김성동) 2014년 9월호 '어의운하'에 수록.

원철 스님 ⓒ최배문
"구름과 물처럼 사는 사람에게 무슨 길이 따로 있겠는가? 그게 하늘이건 땅이건 다니면
전부 길인 것을." 2010년 7월호 '선어유희'에 수록.

문경에서 태어나 경북대를 졸업했다. 1966년부터 조선일보사 편집국 사진부 기자로 3년 동안 일했다. 뉴스보다는 잡지의 기획된 사진이 작가로서 더 바람직하다는 생각으로 그만두고, 사진의 이론과 역사에 관한 책들을 읽으며 작가로서의 길을 가늠해 나가기 시작했다. 1970년 동아일보사 출판국 사진부에 들어가 일했으나, 1975년 '동아자유언론수호투쟁위원회'에 가담해 농성하던 중 해직됐다. 1983년부터 『샘이깊은물』에서 사진편집위원과 프리랜서 사진가로 일했다.

강운구
(1941~)

1960년대 이후 개발독재의 강압적 분위기 속에서 산업사회로 바뀌는 국면들을 끊임없이 기록해 왔으며, 외국 사진이론의 잣대를 걷어내고 우리의 시각언어로써 포토저널리즘과 작가주의적 영상을 개척해 가장 한국적인 질감의 사진을 남기는 사진가라는 평가를 받고 있다.

'우연 또는 필연'(1994), '모든 앙금'(1997), '마을 삼부작'(2001), '저녁에'(2008) 등 네 차례의 개인전을 가졌으며, 다수의 그룹전에 참여했다. 사진저작으로 『내설악 너와집』(1978), 『경주남산』(1987), 『우연 또는 필연』(1994), 『모든 앙금』(1997), 『마을 삼부작』(2001), 『강운구』(2004), 『저녁에』(2008), 『강운구 사진론』(2010), 『오래된 풍경』(2011) 등이 있다.

"많은 시간이 흘러 흘러갔다. 그간 남산(南山)은 바뀌었고 나는 늙었다. 그렇지만 나에겐 삼십 년 도 더 넘은 그때의 기억이, 바위에 새겨진 부처처럼, 각인되어 있다. 요즘의 사진들은 거의 다 사 진 같지 않다. 그런 추세가 어찌나 강한지, 똑바른 사진을 하는 사람들이 오히려 한쪽으로 밀려나 주눅 들어 있다. 유행이란, 더 고상하게 말하자면, 사조(思潮)는 바뀐다는 것을 전제로 성립된다. 언제나 그렇듯이, 그것을 따라가며 늘 바꾸는 사람은 많고 바뀌지 않는 사람은 드물다. 나는 소수 에 속하게 되는 것을 두려워하지 않는다." (글. 강운구)

경주 남산 탑곡 마애불상군 ⓒ강운구
2016년 12월호 '천 개의 눈'에 수록.

경주 남산 탑곡 마애불상군 ©강운구

2016년 12월호 수록.

경주 남산 탑곡 마애불상군 ©강운구
2016년 12월호 수록.

경주 남산 불곡 마애여래좌상 ©강운구

2016년 12월호 수록.

경주 남산 삼릉골(냉곡) 석조여래좌상 ©강운구

2016년 12월호 수록.

통도사 70년, 미나리 보살님(김금분) ©최배문
"일한다. 평생의 습관이다. 굵은 손마디는 미나리 보살님이 어떻게 살아왔는지 말한다. 공양간에서
나물을 다듬고, 대중 방에서 종이 연잎을 풀어낸다." (글. 김성동) 2016년 4월호 '어의운하'에 수록.

소리꾼 장사익 ©최배문
"요즘 바람은 좋은 노래 하나 만드는 건디 잘 안 나오네유. 나이가 들어서 마음만 바뻐.
내 꿈은 정말 좋은 노래 만들어 부르는 거." 2017년 5월호 수록.

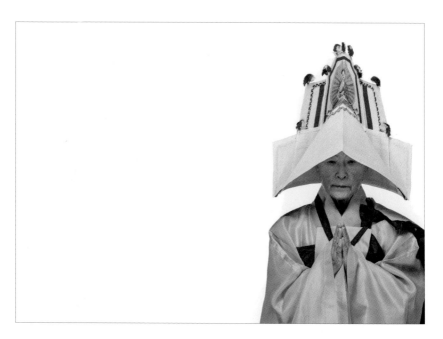

"비구니 스님은 오랫동안 영산재 계보에 오르지 못했다. 비구니 스님이기에 주변의 시선은 더 차가웠다. 염불하는 비구니 스님들은 염불하는 것을 감췄다. 이를 깨보고 싶었다. 스무 살이 넘어서 범패의 맛을 보았다. 어느 날 소리가 몸을 감고 온 세상에 퍼져나갔다. 몸에 전율이 오며, 눈물이 났다. 그때 몸의 기억이 오늘까지 이어진다. 범패는 법을 전하는 몸짓이다. 모든 법계에 전하는 것이다. 모양이 없는 것을 전하는 것이다. 소리의 파장을 느껴야 한다. '아~~어~~~아~~' 소리가 저 위에 올라가서 목을 감싸고 내려온다. 도량 전체가 소리로 감싸인다. 범패를 할 때의 마음을 묻자 이렇게 답한다. '모든 생각을 비우고 오로시 부처님을 생각합니다.'"(글. 김성동)

중요무형문화재 제50호 영산재 전수교육조교 동희 스님 ⓒ최배문
2016년 11월호 '어의운하'에 수록.

"출가한 뒤 선방에서 15년을 보냈다. 은사스님과 향곡 스님의 인연으로 참선은 오랜 공부 길이
되었다. 향곡 스님은 시자를 위해 좀처럼 쓰지 않은 붓을 꺼내 일연선사와 대각국사의 시를 써
주었다. 한번 정진하면 누구보다 늦게 일어섰고, 잠을 줄였다. 몸은 마음을 넘어서지 못했다. 몸
은 쉬라는 신호를 보냈지만, 분심(憤心)이 앞섰다. 결국 허리는 몸을 더 이상 앉을 수 없게 만들었
다. 50세. 늦은 나이였지만, 일본으로 공부를 떠났다. 또 다른 공부 길이다. 일본어 문장을 통째로
외우고 베껴 썼다. 화두 참구하듯 허투루 시간을 보내지 않았다. 세간과 출세간의 경계 속에서
사람들을 만나고 교류했다. 불교는 사람이 사는 곳을 떠나지 않는 것이다."(글. 김성동)

경주 흥륜사 한주 법념 스님과 은사 혜해 스님 ⓒ최배문
2016년 12월호 '어의운하'에 수록.

"김천 청암사. 사미니승가대학이 자리한 곳. 내일이 동지다. 공양간 외벽에 동짓날 대중의 역할을 나눈 육색방(六色榜)이 걸린다. 대중들이 모이고, 깨끗이 씻은 팥을 가마솥에 붓는다.
공양간은 장작불로 온기가 돈다. 물과 함께 몇 시간을 끓여야 하는지 묻자, 혜명 스님은 질문 자체가 틀렸다고 했다. 팥 알갱이가 갈라지는 때는 특정 시간이 아니라, 장작불 세기와 물, 팥의 양에 따라 달라진다는 것이다. 팥죽을 쑤는 데에도 불교가 보인다. 세 개의 가마솥에서 하얀 김이 피어오른다. 공양간에 팥 삶는 내음이 가득하다. 벽에 걸린 조왕신의 눈이 가마솥을 보고 있는 듯 했다."(글. 김성동)

김천 청암사 동지팥죽 ⓒ최배문
2017년 1월호 '불교무형문화 순례'에 수록.

"가마솥에서 팥을 꺼내 큰 대야에 내놓고 두 손으로 으깬다. 뜨겁다. 찬물을 옆에 두고 손을 식히며 다시 으깨길 반복한다. 밑으로 팥 앙금이 쌓이고, 위로는 팥물이 고인다.

동짓날 새벽. 대중들이 육화료(六和寮)에 모여 새알을 만든다. 이제 기본 재료가 다 완성됐다. 제일 중요한 일이 남았다. 가마솥에 팥물을 붓고, 쌀을 넣는다. 장작불로 불의 세기를 조절한다. 쌀이 퍼지기 시작하면 팥 앙금과 새알을 넣어 함께 끓인다. 이때가 가장 중요하다. 새알이 떠오르자, 대중들이 바빠지기 시작했다. 팥죽을 제때 퍼내지 못하면 새알이 터지거나 눌어붙고, 팥 앙금이 탈 수 있다."(글. 김성동)

김천 청암사 동지팥죽 ©최배문
2017년 1월호 수록.

"가사(袈裟). 스님들이 입는 옷이다. 하지만 '입는다'는 것은 세속의 표현이다. 불가에서는 부처님께 가사를 받는다고 해서 가사를 '수(受)한다'라고 표현한다. 가사를 받는다는 것은 법(法, Dharma)을 받는다는 것과 같다.

여래십호(如來十號). 부처님 호칭이 다양하듯 가사를 부르는 이름도 많다. 조계종 가사원 도편수 무상 스님은 이렇게 전한다. "스무 가지가 넘습니다. 스님들은 생사해탈이 목적이기 때문에 '해탈복(解脫服)'이 됩니다. 스님들이 싸울 때 가사를 수하고 싸우지 않기 때문에 '자비의(慈悲衣)'입니다. 스님들이 가사를 수하면 대중들이 공경하기 때문에 '공경의(恭敬衣)', 부처님 때부터 내려오는 명칭은 '무구의(無垢衣)', 헌 천을 주워서 가사를 만드니 그만큼 검소해서 '분소의(糞掃衣)', 신도가 가사를 만드는 데 참여하면 복이 되니 '복전의(福田衣)'라고 합니다."(글. 김성동)

대한불교조계종 가사원 도편수 무상 스님 ⓒ최배문
2017년 2월호 '불교무형문화 순례'에 수록.

"대한불교조계종 가사원. 가사를 만드는 곳으로 전국비구니회관 1층에 자리 잡고 있다. 가사는 인연 있는 모든 이들의 원(願)이 이루어질 수 있도록 정갈하고, 공경하고, 존경하고, 깨끗한 마음으로 만들어야 한다. 가사를 만들 때에는 생각이 딴 곳으로 갈 수 없다. 일심(一心)과 일념(一念)이다. 이렇게 만든 가사를 스님들이 수하고 정진하는 것이다. 출가 수행자에게 가사는 부처님과 같다. 신도에게는 공경과 복전의 대상이다." (글. 김성동)

대한불교조계종 가사원 도편수 무상 스님 ©최배문

2017년 2월호 수록.

"단오절인 음력 5월 5일. 매년 이날이면 법보종찰 해인사(주지 향적 스님)에서는 특별한 의식을 치른다. 단오절 소금묻기.

해인사의 모든 대중이 대적광전과 봉황문 앞 등 경내 일곱 자리에 소금을 묻고 물을 부었다. 향적 스님은 '해인사는 화재에 대한 경각심이 높다. 남산에 화기가 많다고 해서 남산 제일봉에 소금을 묻는 행사를 갖는다. 단오날 바닷물 염분이 가장 높다고 해서 이날 소금묻기 의식을 행해왔다'고 밝혔다. 언제부터 경내와 남산 제일봉에 소금을 묻었는지 기록이 명확하진 않다. 일곱 번의 큰 화재로 해인사 대중들에게 사찰과 가야산 산림, 무엇보다 장경판전을 지켜야 한다는 의식이 전승되고 있는 것이다."(글. 김성동)

해인사 단오절 소금묻기 ⓒ최배문
2017년 7월호 '불교무형문화 순례'에 수록.

"경내 소금묻기를 마치자, 곧바로 대중들은 1,010m 남산 제일봉을 오른다. 승가대학, 선원, 산내 암자 등에서 정진하는 스님들과 신도들이 모두 참여했다. 열 평 남짓한 넓이의 정상. 저 아래 해 인사가 보인다. 눈높이로 수평보다 조금 위에 가야산 칠불봉이 서 있다. 해인사를 바라보며 모든 대중이 합장한다. 지난해 묻어두었던 소금단지를 걷어내고 새로운 소금단지를 묻는다. 몇 곳은 소금을 한지로 감싸서 파묻었다. 이렇게 해인사 대중의 염원이 오랫동안 내려왔다.
『해인사실화적』에는 '몇백 년이 못 되어 일곱 번이나 화재가 있었으나, 장경판전만은 그대로 보 존되었'다고 적고 있다. '이것이 사실은 변천하지만 이치는 변하지 않는 것'이다." (글. 김성동)

해인사 단오절 소금묻기 ⓒ최배문
2017년 7월호 수록.

"전통의 불교의식을 집대성한 『석문의범』(1935) 「조왕단(竈王壇)」에는 다음과 같이 적고 있다. '지심귀명례팔만사천조왕대신(至心歸命禮八萬四千竈王大神) 지심귀명례좌보처담시역사(至心歸命禮左補處擔柴力士) 지심귀명례우보처조식취모(至心歸命禮右補處造食炊母)' 민간에서 조왕은 부엌의 신이다. 조왕신은 불교가 받아들인 민간신앙으로 사찰의 공양간에 모시고 있다.

공양간 부뚜막 위에 조왕단을 설치하고 조왕신을 가운데로 하고, 좌(左)에는 왼쪽의 담시역사(擔柴力士)가 땔감을 만드는 역할을 담당하고, 우(右)에는 음식을 만드는 어머니를 뜻하는 조식취모(造食炊母)가 있다. 이런 조왕탱화가 없는 사찰 공양간에는 주로 글자를 적어 조왕대신을 모시고 있다. 공양간이 현대화되면서 '부뚜막 위 조왕단'도 많이 사라졌지만, 아직 많은 사찰 공양간에는 조왕단을 모시고 있다."(글. 김성동)

내원사 조왕기도(竈王祈禱) ©최배문
2017년 9월호 '불교무형문화 순례'에 수록.

"『금광명최승왕경』제4권 「유수장자품(流水長者品)」(동국역경원)에 나오는 이야기다. 아주 먼 옛날 유수(流水)라는 의사가 물이 말라 있는 못의 물고기를 보고 가여운 마음이 들었다. 그는 물을 못에 부어 물고기들을 살려줬다. 죽음에서 벗어난 물고기들이 그를 따라서 못 가로 몰려다녔다. 유수 장자는 물고기 먹이를 가져와 물속에 넣어주었고, 나아가 물고기가 목숨을 마친 후에 천상에 태어날 수 있도록 12인연법을 설해주었다. 이 유수 장자가 바로 전생의 석가모니 부처님이다. 방생(放生)은 유수 장자처럼 모든 생명에 가엾은 마음을 내는 것이다. 모든 유정무정(有情無情)들에게 가엾은 생각을 일으키는 것이다. 우리가 부처님처럼 사는 것이다."(글. 김성동)

조계사 방생법회 ⓒ최배문
2017년 10월호 '불교무형문화 순례'에 수록.

고려대장경연구소 종림 스님 ⓒ최배문
"이념이나 신은 나를 이끌어 줘. 공(空)의 길은 내가 가는 길이야. 나를 이끌어주는 것이 아니라
내가 가는 길이니까 사람들이 힘들어해. 대신 병폐도 없고, 자유를 줘." 2017년 8월호 수록.

부산 장안사 정오 스님 ⓒ최배문

"화복(禍福)은 자기에게 달렸고 득실(得失)은 하늘에 달렸다'는 말이 있습니다. 인간의 화와
복은 자신이 짓는 대로 따라오는 것이죠." 2017년 8월호 '스님의 명법문'에 수록.

마가 스님 ©하지권
"중요한 것은 걸으면서 '지금 이 순간 깨어 있어야 한다'라는 것입니다. '지금 이 순간'이
빠져 있으면 그냥 운동일 뿐이에요." 2012년 6월호 '길 그리고 걷기'에 수록.

조계종 36대 총무원장 원행 스님 ⓒ최배문
"불광은 어언 반세기 동안 부처님의 교리를 홍포하며, 대중들에게 삶의 길잡이가 되어주고
있습니다. 불광의 아름다운 길을 응원합니다." 2019년 11월호(창간 45주년) 수록.

"새벽 2시 28분. 발자국 소리가 들린다. 어둠 속에서 스님 한 분이 걸어와 대웅전 안으로 들어간다. 촛불을 켜고 부처님께 삼배를 올린 뒤 큰 목탁 하나를 어깨에 메고 법당 어간의 섬돌에 섰다. 흔히 보는 목탁보다 3~4배는 크다. 3시. 대웅전 앞에서 작고 낮은 소리부터 점차 크고 높은 소리로 올렸다 내렸다 세 차례 목탁을 친다."(글. 김성동)

송광사 새벽예불 ⓒ최배문
2017년 7월호 '불교무형문화 순례'에 수록.

"신묘장구대다라니(神妙章句大陀羅尼)를 시작으로 대웅전을 한 바퀴 돌고, 사방찬(四方讚), 도량찬(道場讚), 참회게(懺悔偈)를 우렁우렁 송한다. 도량 전체를 구석구석 다닌다. 도량석(道場釋)이다. 새벽예불을 행하기 전 도량 안팎을 깨끗이 하고, 절의 대중과 모든 생명이 이 소리를 듣고 깨어난다."
(글. 김성동)

송광사 새벽예불 ⓒ최배문
2017년 7월호 수록.

백양사 포살(布薩, uposatha) ⓒ최배문

"눈이 내리는 백양사에 비구 비구니 스님들이 모인다. 포살하는 날이다. 오랜 도반인 듯 무리 지어 두런두런 이야기를 나누며 걷는다."(글. 김성동) 2018년 1월호 '불교무형문화 순례'에 수록.

백양사 포살 ©최배문

"승가에서 포살은 계를 점검하는 의식이다. 보름과 그믐, 모든 스님이 한자리에 모여 함께 보살계본을
외우며, 지은 죄를 참회하고, 악을 멈추고, 선을 기르길 확인한다."(글. 김성동) 2018년 1월호 수록.

"정명 스님(가평 연화세계)의 엄지와 검지는 거칠었다. 출가 후 40여 년 동안 한지를 매만진 결과다. 지화. 십여 년 전, 이 단어는 한국불교에 낯설었다. 몇몇 스님들의 구전과 주변 지인에게 전해졌다. 이를 잇는 이는 드물었다. '출가 중이 종이나 접고 있다'고 힐난을 받기도 했다. 스님에게 불교 지화는 부처님을 만나고, 부처님께 공양 올리는 일이다."(글. 김성동)

지화(紙華) ⓒ최배문
2018년 1월호 '불교무형문화 순례'에 수록.

"한지를 '재단'한다. 오려낸 한지는 꽃에 따라 부분, 또는 전체를 '천연염색'한다. 이렇게 물들인 한지는 그늘에서 말린다. 색이 오른 한지는 발다듬질 과정을 거쳐 얼룩을 없애고 구김을 편다. 이제 꽃의 주름을 잡은 '살잡기'다. 꽃의 모양에 따라 다양한 도구로 살을 잡는다. 이 살잡기를 통해 꽃이 생명을 얻는다. 살잡기가 끝나면 '작봉하기'다. 작봉은 꽃잎을 꽃대에 꿰어 꽃을 완성하는 과정이다. 꽃대는 음력 8~9월 초가을, 곧게 뻗은 싸리나무 햇순을 선택해 그늘에 말려 둔 것을 쓴다. 작봉을 마치면 꽃을 가지런히 꽃꽂이하는 '난등치기'를 한다. 이렇게 만들어진 지화는 불교 의례와 불단을 장엄한다." (글. 김성동)

가평 연화세계 정명 스님 ©최배문

2018년 1월호 수록.

"석포리 부녀회가 제일 먼저 부산했다. 전을 부치고 지진다. 마을 어른들 몇은 벌써부터 막걸리로 제를 시작했다. 내소사 일주문 앞에는 일찌감치 마을 주민들이 모여들었다. 볏짚으로 만든 수십 미터의 용줄은 끝이 어디인지 한참을 찾아야 했다. 꽹과리가 울리면서 행렬은 내소사 일주문에서 절로 들어간다. 경내 수령 1천 년 느티나무(들당산, 할매당산)에 용줄을 감아 옷을 입혔다. 마을 주민들이 예를 올린다."(글. 김성동)

내소사 당산제 ⓒ최배문
2018년 4월호 '불교무형문화 순례'에 수록.

"내소사 스님들과 마을 주민들은 함께 축원한다. '이 고을 이 나라가 무사안녕하고 만복이 깃들 기를 기원합니다.' 이제 일주문 앞 날당산으로 이동한다. 수령 700년 느티나무 할배당산 앞에서 소원성취 행사와 줄다리기로 제는 마을잔치가 된다. 마을 주민들의 원을 담아 소지(燒紙)한 재가 하늘로 올라갔다."(글. 김성동)

내소사 당산제 ⓒ최배문
2018년 4월호 수록.

보성 대원사 극락전 벽화 ©최배문
2018년 9월호 '사찰벽화 이야기'에 수록.

홍성 신경리 마애석불입상 ⓒ최배문
2018년 9월호 '길 위의 부처, 마애불'에 수록.

"구층암 덕제 스님이 내려준 차 맛은 달았다. 발효차다. 입안에 단맛이 감돌았다. 네 명이 둘러앉아 선방의 수행풍경을 이야기했다. 그 사이 찻잔은 몇 차례를 비우면서 네 사람의 낯섦도 사라졌다. 지리산 구층암 뒷산은 온통 야생 차밭이다. 찻잎을 따는 70대 노보살님은 10대부터 이곳에서 찻잎을 따왔다고 했다. 차밭에서 따온 찻잎을 섭씨 350도에서 400도 사이로 달궈진 가마솥에 붓는다. 따다닥 따다닥. 첫 덖는 소리는 마치 소낙비 오는 소리처럼 들린다." (글. 김성동)

구층암 야생차 ©최배문
2018년 6월호 '불교무형문화 순례'에 수록.

"통도사 대광명전은 1756년 10월에 화재로 전소된 후 1758년 9월에 다시 지어졌다. 양(陽)의 기운이 가장 강한 단옷날 화기(火氣)를 누르기 위한 의식인 용왕재. 용왕이 바닷물을 머금어 화기를 누르길 바라며 스님들은 바닷물을 상징하는 소금단지를 통도사 각 전각의 네 모퉁이에 올린다. 바닷물로 불기운을 잡는다는 전통의식 때문일까. 이후, 통도사는 큰 화재가 없이 현재에 이르렀다. 참여 대중들도 집안의 화기를 잡는다며 소금을 얻어갔다."(글. 김성동)

통도사 용왕재 ©최배문
2018년 7월호 '불교무형문화 순례'에 수록.

천도재(薦度齋) ©최배문
"영가시여 사바일생 다마치는 임종시에/ 지은죄업 남김없이 부처님께 참회하고/ 한순간도
잊지않고 부처님을 생각하면/ 가고오는 곳곳마다 그대로가 극락이니" 2018년 8월호 수록.

천도재 ©최배문
"여든이 넘은 노인의 눈에서 눈물이 나왔다. 손수건을 꺼내 눈을 꾹꾹 눌렀다. 무엇을 보고 있는 것일까.
과거의 어떤 기억을 꺼냈기에 이토록 눈이 붉어진 것일까."(글. 김성동) 2018년 8월호 수록.

"청암사 학장 지형 스님은 며칠 동안 여름용 적삼과 삼베 바지, 조끼를 재단하고 있다. 옆에서는 상좌스님들이 모여 은사스님의 가위질에 시선이 따라간다. 창호지로 만든 조끼 견본은 큰 것, 중간 것, 작은 것 세 종류다. '드르륵 드르륵' 저 건너편에서는 주지 상덕 스님이 재단된 조끼를 재봉틀로 박음질한다. 상덕 스님도 며칠째 재봉틀을 돌리고 있다. 노동가요인 '사계'의 '미싱은 잘도 도네 돌아가네'란 노랫말이 떠올랐다. 숙련된 솜씨로 박음질이 마무리되며, 겉 조끼의 형태가 드러났다. 이제 단추를 달아야 한다. 단추는 상좌스님들 몫이다. 바느질이 익숙하기까지 오랜 시간이 걸린다. 한 땀 한 땀 조심스럽게 바늘을 밀고 당겼다."(글. 김성동)

승복 만들기 ⓒ최배문
2018년 9월호 '불교무형문화 순례'에 수록.

"옛날에는 승복집이 없었어요. 은사가 상좌들 승복을 만들어줬지요. 대부분의 절집에서는 승복을 만들어 입었어요. 두루마기, 동방, 삼베 바지, 적삼, 조끼 모두 만들었지요. 지금은 창호지로 견본을 우선 만들지만, 옛날 어른 스님들은 견본 없이 바로 재단했죠.' 지형 스님과 상덕 스님은 옛날을 회상하며 웃었다. 조끼가 하나둘 완성되자, 상좌스님들은 은사가 만든 승복을 입는다. 은사 스님들은 이틀 동안 더 재단하고 박음질해야 한다. 그 많은 승복이 이렇게 만들어졌다. '아이구 허리야.' 지형 스님과 상덕 스님의 낮은 소리가 들렸다." (글. 김성동)

승복 만들기 ©최배문
2018년 9월호 수록.

"상노공(上爐供)이 장작을 쌓아 불을 붙인다. 큰 가마솥에 물이 끓고, 한두 방울 솥 밖으로 흘러 나온다. 노공 소임을 맡은 스님은 그 가마솥 한 귀퉁이 거품에서 흐르는 물기를 부처님의 '눈물'이라고 불렀다. 간절한 사연과 의미가 담긴 공양미 한 톨, 한 톨은 깨끗한 물에 씻기고 솥에 담겨, 뜨거운 불로 '눈물'을 만든다." (글. 김성동)

통도사 사시마지 공양 ⓒ최배문
2018년 11월호 '불교무형문화 순례'에 수록.

"밥은 모든 이에게 평등한 것. 밥을 먹으면 살고, 밥을 먹지 않으면 죽는다. 붓다는 밥 먹는 일이 수행이며, 존재 이유임을 온몸으로 보여주었다.

통도사 공양간은 오늘도 밥을 짓는다. 사시(巳時)가 되면 세상 어느 곳에도 있고, 세상 어느 곳에 도 없는 붓다의 법신이 밥을 드신다. 젊은 승가들의 소리없는 발걸음은 법당으로 향하고, 삼라만 상 일깨우는 사시마지는 오늘도 계속된다."(글. 김성동)

통도사 사시마지 공양 ©최배문

2018년 11월호 수록.

땅끝마을 미황사 괘불재 ©최배문
2018년 12월 '불교무형문화 순례'에 수록.

땅끝마을 미황사 괘불재 ©최배문
2018년 12월 수록.

논산 쌍계사 대웅전 문수보살상 ⓒ최배문

2018년 12월호 '사찰벽화 이야기'에 수록.

논산 쌍계사 대웅전 보현보살상 ⓒ최배문

2018년 12월호 수록.

동국대 불교문화대학장 김성철 교수 ©최배문
"한국불교에 위빠사나와 티베트불교가 들어왔고, 간화선과 현대 교학이 종합되며
회통될 것입니다. 현대판 진짜불교가 출현할 것입니다." 2017년 12월호 '만남, 인터뷰'에 수록.

공생선원 선원장 무각 스님 ⓒ최배문

"한 생각에, 담대하게 척 믿고 맡겨 버리세요. 무서울 게 어려울 게 뭐 있나요. 참선은 절차고
형식이고 순서이고 필요 없습니다. 곧장 자각해서 뚫고 들어가는 것입니다." 2018년 10월호 수록.

운허기념사업회 언해불전연구소 오윤희 소장 ©최배문
"『언해불전』은 그저 불교 경전을 우리 말로 옮긴 책이 아니라 눈부시게 발달한 주석서 문화를
보여주는 표본입니다." 2019년 9월호 '불광초대석'에 수록.

조계총림 송광사 방장 현봉 스님 ⓒ유동영
"삶 속에서 팔정도를 실천해 나가면 어떤 문제든 풀 수 있습니다. 바르게 보고, 생각하고,
행동하고, 깨어 있으면 해결책을 찾을 수 있습니다." 2020년 1월호 '신년 특별인터뷰'에 수록.

이
갑
철

(1959~)

1959년 진주에서 태어나, 1984년 신구대학 사진학과를 졸업했다. 우리나라 구석구석을 다니며 선조들의 삶의 정한과 신명, 끈질긴 생명력을 사진에 담아왔다. '거리의 양키들'(한마당, 1984), 'Image of the City'(한마당, 1986), '타인의 땅'(경인미술관, 1988), '충돌과 반동'(금호미술관, 2002), '에너지–氣'(한미사진미술관, 2007) 등의 개인전을 열었고 다수의 단체전에 참여했으며, 2000년 미국 휴스턴에서 개최된 '포토페스트 2000', 2002년 프랑스 몽펠리에에서 개최된 '한국 현대사진가 초대전' 등의 해외 전시에 초대됐다. 사진저작으로 『이갑철: 충돌과 반동』(2010), 『타인의 땅』(2016), 『이갑철 제주 천구백팔십』(2015), 『LEE GAP-CHUL』(2019), 『이갑철』(2021) 등이 있다. 일본 사가미하라 아시아 사진가상(2003), 동강 사진상(2003), 이명동 사진상(2005) 등을 받았다. 현재 프랑스 뷔Vu 갤러리 소속 작가로 활동하고 있다.

"구름 같이, 흘러가는 것들이 머무는 곳 화순 운주사(雲住寺). 먼 옛날 기약 없이 쌓아 올린 바람들이 무던히도 서 있다. 천년의 풍파를 지났건만, 새로운 세상은 어디쯤 왔던가. 세월 따라 스쳐 가는 마음들만 하릴없이 툭툭 쌓여 간다."(글.이갑철)

화순 운주사 석탑 ⓒ이갑철
2019년 4월호 '이갑철의 사진 속 불교'에 수록.

"구부러진 길로 가야 세상이 보인다. 천천히 걷는 잔설 쌓인 구부러진 길이면 더 좋다. 텅 빈 하늘 너머 까마귀 한 쌍이 점을 찍는다. 잿빛 하늘에 검은 점이 펄럭인다. 풍경에 갇힌 물고기, 눈보라를 헤엄치다. 사는 것은 늘 위태로운 일. 꽁꽁 얼어붙은 법당 부처님 웃으시고, 사시불공 소리 계곡을 덥히다."(글. 이갑철)

태백산과 유일사 ⓒ이갑철
2019년 2월호 '이갑철의 사진 속 불교'에 수록.

"장군봉 천제단 돌무더기들이 길손을 맞는다. 저 건너 흐물거리는 먼지 속 봉우리도. 태백의 주목은 다 벗었다. 묻는다. 마음 빚은 언제 벗을꼬!"(글. 이갑철)

태백산과 유일사 ©이갑철
2019년 2월호 수록.

"세상의 빛은 저 남쪽 바다 땅끝에서 올라온다. 미황사는 그 빛의 시작이다. 절 마당 한 켠 차수 (叉手)한 행자 스님의 잰걸음이 아침을 연다. 처마 끝 아침이 열리고, 봄이 열리는 소리가 기둥에 걸렸다. 저 문 열리면 봄 ! 가지 그림자 길어지니, 저 문 열리면 봄 !"(글. 이갑철)

달마산 미황사 ⓒ이갑철
2019년 3월호 '이갑철의 사진 속 불교'에 수록.

"꽃 피어서 봄이라 했던가. 등(燈) 그늘진 창살에도 봄 들었다. 막힘 없이 흘러라. 닫힌 문 열어라. 봄은 통(通)하는 계절이다!"(글. 이갑철)

여주 신륵사 ©이갑철
2019년 5월호 '이갑철의 사진 속 불교'에 수록.

"인드라망. 우주의 삼라만상이 투명한 그물처럼 서로를 부둥킨 세상. 인드라망 안에서, 물과 물과 하늘과 사람은 서로를 비춘다. 살아 있는 모든 것이 '부처'라 이름 붙여지는 곳. 그곳에선 작은 것 하나라도 다 아름답다."(글. 이갑철)

남원 실상사 ⓒ이갑철
2019년 9월호 '이갑철의 사진 속 불교'에 수록.

"무릇 성(聖)과 속(俗)이 다르지 않다고 말하는 까닭은 이편이나 저편에나 간절함이 가득하기 때문일 것이다. 하루 또 하루, 이골이 난 시간 속에서 우리는 매일 무엇을 찾아 헤매는 걸까. 어쩌면, 오늘을 어떻게 살아낼 것인가 하는 물음에 대한 답이 아닐는지." (글. 이갑철)

인제 백담사 ⓒ**이갑철**
2019년 10월호 '천개의 눈'에 수록.

부안 내소사 ©이갑철
2019년 12월호 '이갑철의 사진 속 불교'에 수록.

"작고 하얀 무게들이 소리 없이 쌓인다. 눈 덮인 대지는 그대로가 무덤이다.
조용히 침잠하며 제 속을 끌어안는다."(글. 이갑철)

겨울, 내소사 가는 길 ⓒ이갑철
2019년 12월호 수록.

혜민 스님 ⓒ최배문
"'소확행'은 큰 목표를 향해 달려가면서도 지금 현재의 나를 잃어버리지 않는 것입니다.
결과만을 중시하는 마음이 아니라 과정을 중시하는 마음이에요." 2019년 1월호 수록.

원제 스님 ⓒ최배문
"수처작주의 작주(作主)는 내가 주인이라는 뜻이 아니라, 다양한 인연과 상황에 맞추어 주인으로
노릇(作)한다는 뜻입니다. 인연과 상황은 고정되지 않고 변해갑니다." 2020년 1월호 수록.

낙산사 홍련암 ©최배문
2020년 1월호 표지에 수록.

청도 운문사 명성 스님 ©최배문

"법화경에 즉사이진(卽事而眞)이란 말이 있지요. 모든 일에 성실하고 진실해야 합니다.
작은 일에 소홀히 하는 사람은 큰일도 소홀히 합니다." 2020년 1월호 수록.

"법의 세계[法界]는 진시방 허공계(盡十方虛空界)를 다하여 한이 없습니다. 광대무변하여 중중무진(重重無盡)한 이 법의 세계는 본래 그 자체가 불생불멸이며 동시에 부증불감입니다.
이 법 자체를 불생불멸이라고 하는 것 같이 이 법 자체를 깨친 부처를 불생불멸이라고 합니다. 부처란 다른 것이 아니고 이 불생불멸하는 법 자체를 깨친 이를 말합니다. 부처를 깨치는 원 자성(自性) 그것도 불생불멸입니다. 자성은 본래 불생불멸입니다. 그래서 모든 것이 다 불생불멸 아닌 것이 없습니다."

성철 스님(조계종 종정)
1984년 1월호 수록.

원택 스님 ⓒ최배문
"은사 성철 스님께서도 '자기를 바로 봅시다'라는 법문을 하셨어요. 부처님 말씀과 큰스님들의
좋은 법문을 가슴에 새기고 실천하며 신심을 두텁게 쌓아야 합니다." 2019년 11월 수록.

대한불교조계종 교육원장 진우 스님 ⓒ최배문

"부처님께서 좋은 것 찾지 말고, 나쁜 것 피하지 말라고 하셨어요. 양변의 마음을 모두 버릴 때
중도의 마음이 되고, 견성성불한다는 얘깁니다." 2019년 11월호 '스님과의 일상다담'에 수록.

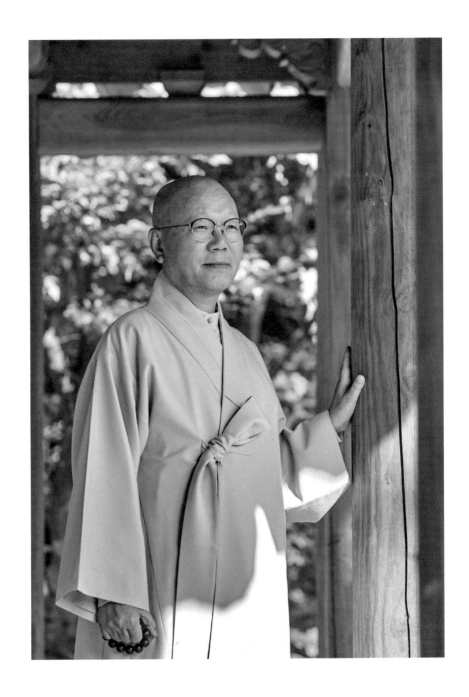

월간 「불광」 발행인 지홍 스님 ⓒ최배문

"잡지를 만드는 실무자들 개개인의 원력이 불광을 여기까지 이끌어왔죠. 아마 광덕 스님께서도
감격하고 고마워하고 계실 겁니다." 2019년 11월호 '창간 45주년, 다시 보는 월간 「불광」'에 수록.

"불기 2563년(2019년) 12월 28일 오전 10시 30분. 문경 봉암사에서 수좌 적명 대종사 영결식과 다비식이 전국선원수좌회장으로 봉행됐다. 대한불교조계종의 큰 어른이자 한국불교를 대표하는 선승으로 사부대중의 존경을 받았던 적명 스님, 마지막 가는 길에 월간 「불광」이 함께했다."
(글. 양민호)

적명 대종사 영결식 및 다비식 ©유동영
2020년 2월호 수록.

"겨울 해는 빠르게 졌다. 타고 남은 잿더미 속 잔열이 채 가라앉기도 전, 산중에 그림자가 드리우기 시작했다. 그러나 아직 하늘은 푸르고 청명했다. 스님은 떠나셨지만, 스님이 남긴 죽비 같은 가르침은 남았다. 그 말씀 가슴에 새기고 살아가는 이들 삶도 저 하늘처럼 끈질기게 푸를 것이다. 그늘이 지건 찬 바람이 불건 아랑곳없이."(글. 양민호)

"선정을 통해 사람들은 특별한 세계에 대한 가능성을 확인하게 됩니다. 깨달음을 통해서는 나와 네가 둘이 아니[不二]라는 것을 알 수 있게 되죠. 이렇게 되면 세상은 평화로워질 것이고 아무런 시비와 분별이 일어나지 않게 됩니다. 훗날 우리 사회가 이렇게 된다면 그 중심에는 부처님께서 전한 무아(無我)와 연기(緣起)의 가르침이 있을 겁니다."
- 2013년 월간 「불광」 3월호 적명 스님 인터뷰 중

적명 대종사 영결식 및 다비식 ⓒ유동영
2020년 2월호 수록.

"중흥사는 북한산성을 쌓고 지킨 승군(僧軍)들의 총지휘자 팔도도총섭이 주둔하던 북한산 중심 도량이었다. 하지만 구한말 홍수와 화재로 오랫동안 폐사지로 남아 있다가 2005년 대웅전을 시작으로 2018년 도총섭까지 완공해 거의 옛 모습을 회복했다."

북한산 중흥사 ⓒ유동영
2020년 9월호 '산山, 일주문에 들다'에 수록.

"절에는 '산감(山監)'이라는 소임이 있어요. 그야말로 산을 지키는 소임인 거죠. 산을 지키는 건 언제나 스님들이었어요. 전국 모든 산이 다 그래요. 특히 북한산 같은 경우에는 스님들이 직접 산성을 쌓으며 국가를 수호했죠. 문화유산 훼손을 막기 위해 절을 지키는 일선사 주지스님부터 대승 보살 사상 속에서 등산객에게 차를 내어놓고 소통하고 교감하려고 하는 영취사 주지스님까지. 모두 산과 절을 지키는 감사한 스님들이죠."(이세용 조계사 종무실장)

북한산 부왕사지 ⓒ유동영

2020년 9월호 수록.

"도량과 연등을 한눈에 볼 수 있는 산사. 걸어 오르기에도 힘이 부치는 도량에 수 천 개의 등이 걸려 제 각각 불을 밝히고 있는 절. 절 뒤의 바위가 기이해 싹이 막 돋아나는 봄철에는 마치 짐승들이 꿈틀대며 움직일 것 같은 곳, 봉화 청량산 청량사이다."(글. 유동영)

봉화 청량산 청량사 ⓒ유동영
2020년 6월호 '포토에세이'에 수록.

"도량석이 끝난 뒤 펼쳐지는 새벽녘 하늘과 청량산을 바라보니 그저 고마울 따름이다. 이 계절에 나신 부처님이 그리고 이 가파른 바위산에 도량을 가꾸고 등을 밝히는 분들이."(글. 유동영)

봉화 청량산 청량사 ©유동영
2020년 6월호 수록.

"감은사 터를 잡은 이는 문무왕 자신이다. 그래서 감은사를 문무대왕릉의 능사로 본다. 문무왕은 세상을 떠나기 전부터 이미 대왕암을 자신의 묘자리로 잡고 가끔 이곳 감은사지에 들러 묵었다 한다. 지금과는 다르게 예전에는 바닷물이 감은사지 아래까지 찬 것으로 보아 대왕암까지 접근 이 녹록지 않았을 것이다. 그럼에도 묘자리를 미리 그곳에 잡은 것은 삼국통일을 위해 사명을 다 한 지도자의 나라와 백성을 향한 결연한 의지를 엿보게 한다."(글. 유동영)

감은사지 삼층석탑 ⓒ유동영
2020년 10월호 '유동영의 선경(禪景)'에 수록.

"통도사 금강계단이 출가 수행자에게 계를 내리는 자리라면, 금산사 방등계단은 사부대중에게 열려 있는 평등의 계단이다. 그 배경에는 역시 진표 율사가 있다. 진표 율사가 출가하고 수행한 곳은 백제가 나당연합군과 맞서 최후까지 저항했던 지역이다. 스님이 미륵보살에게서 『점찰경』을 받은 불사의방(不思議房)은 백제군의 최후 거점이었던 개암사 우금산성이 지척인 곳이다. 백제가 패망하고 100여 년이 지나지 않아 유민의 후손이 큰스님이 되어 미륵 도량에 돌아와 법석을 펴니, 지역의 많은 사람들이 따르고 추앙했을 법하다."(글. 유동영)

금산사 방등계단 ⓒ유동영
2020년 12월호 '유동영의 선경(禪景)'에 수록.

알타이 암각화 탁본 전시회, 일감 스님 ⓒ유동영
"눈코입도 갖춰지지 않은 단순한 그림이지만 그 속에는 수많은 이야기가 담겨 있어요."
2020년 9월호 '문화 산책'에 수록.

사계절이 품은 신령스러운 땅, 조용헌 ©유동영

"토착신앙으로 다져온 영지(靈地)는 불교가 들어오면서 대부분 흡수됐습니다."

부산 금련사 법상 스님 ⓒ최배문
"용서와 참회, 비움의 기도, 만족과 감사의 기도 등은 더하기가 아닌 빼기의 기도입니다."
2020년 1호 수록.

해인사 국일암 명법 스님 ©유동영

"(국일암에서) 몸을 많이 쓰게 됐어요. 혼자서 예불을 하고, 잡초를 뽑고 청소하고,
하루가 금방 가요. 뭘 남기기보다 비우고 흔적을 지우는 삶이 진짜가 아닐까 해요." 2020년 9월호 수록.

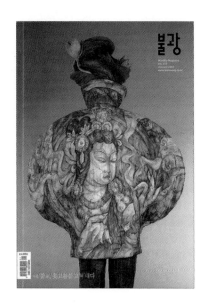

447호, 2012년 1월호

448호, 2012년도 2월호

449호, 2012년도 3월호

450호, 2012년도 4월호

451호, 2012년도 5월호

452호, 2012년도 6월호

453호, 2012년도 7월호

454호, 2012년도 8월호

455호, 2012년도 9월호

456호, 2012년도 10월호

457호, 2012년도 11월호

458호, 2012년도 12월호

459호, 2013년도 1월호

460호, 2013년도 2월호

461호, 2013년도 3월호

462호, 2013년도 4월호

463호, 2013년도 5월호

464호, 2013년도 6월호 　　465호, 2013년도 7월호 　　466호, 2013년도 8월호 　　467호, 2013년도 9월호

468호, 2013년도 10월호 　　469호, 2013년도 11월호 　　470호, 2013년도 12월호 　　471호, 2014년도 1월호

472호, 2014년도 2월호 　　473호, 2014년도 3월호 　　474호, 2014년도 4월호 　　475호, 2014년도 5월호

476호, 2014년도 6월호 　　477호, 2014년도 7월호 　　478호, 2014년도 8월호 　　479호, 2014년도 9월호

480호, 2014년도 10월호

481호, 2014년도 11월호

482호, 2014년도 12월호

483호, 2015년도 1월호

484호, 2015년도 2월호

485호, 2015년도 3월호

486호, 2015년도 4월호

487호, 2015년도 5월호

488호, 2015년도 6월호

489호, 2015년도 7월호

490호, 2015년도 8월호

491호, 2015년도 9월호

492호, 2015년도 10월호

493호, 2015년도 11월호

494호, 2015년도 12월호

495호, 2016년도 1월호

496호, 2016년도 2월호

497호, 2016년도 3월호

498호, 2016년도 4월호

499호, 2016년도 5월호

500호, 2016년도 6월호

501호, 2016년도 7월호

502호, 2016년도 8월호

503호, 2016년도 9월호

504호, 2016년도 10월호

505호, 2016년도 11월호

506호, 2016년도 12월호

507호, 2017년도 1월호

508호, 2017년도 2월호

509호, 2017년도 3월호

510호, 2017년도 4월호

511호, 2017년도 5월호

512호, 2017년도 6월호

513호, 2017년도 7월호

514호, 2017년도 8월호

515호, 2017년도 9월호

516호, 2017년도 10월호

517호, 2017년도 11월호

518호, 2017년도 12월호

519호, 2018년도 1월호

520호, 2018년도 2월호

521호, 2018년도 3월호

522호, 2018년도 4월호

523호, 2018년도 5월호

524호, 2018년도 6월호

525호, 2018년도 7월호

526호, 2018년도 8월호

527호, 2018년도 9월호

528호, 2018년도 10월호

529호, 2018년도 11월호

530호, 2018년도 12월호

531호, 2019년도 1월호

532호, 2019년도 2월호

533호, 2019년도 3월호

534호, 2019년도 4월호

535호, 2019년도 5월호

536호, 2019년도 6월호

537호, 2019년도 7월호

538호, 2019년도 8월호

539호, 2019년도 9월호

540호, 2019년도 10월호

541호, 2019년도 11월호

542호, 2019년도 12월호

543호, 2020년도 1월호

544호, 2020년도 2월호

545호, 2020년도 3월호

546호, 2020년도 4월호

547호, 2020년도 5월호

548호, 2020년도 6월호

549호, 2020년도 7월호

550호, 2020년도 8월호

551호, 2020년도 9월호

552호, 2020년도 10월호

553호, 2020년도 11월호

554호, 2020년도 12월호

2021~2024

다시 산문에 들다

'책은 무엇인가?'라는 문제가 본격적으로 제기됐다. 세상은 디지털이라는 무기로 영상의 시대로 넘어가고 있었다. 월간 「불광」은 새로운 도전으로 '원테마' 잡지를 지향했다. 단행본 한 권을 매달 하나씩 만들어 내는 정도의 심층적인 접근이 필요했다. 현장성은 강화됐고 정보 분석은 깊어졌다. 기획의 변화에 따라 사진도 달라졌다. 전문성이 짙은 글의 어려움을 사진이 보완했다. 정보성이 중요한 본문 사진을 보완하기 위해 유동영 작가의 포토에세이가 전면 배치됐다. 포토에세이는 본문에서 놓친 부분이나 글로 표현하기 어려운 내용을 사진 중심으로 풀어낸다. 이 시기부터 현재까지 사진을 책임지고 있는 유동영 작가의 사진은 피사체 본연의 면모에 집중하기 위해 정면으로 맞서며 왜곡을 줄이려 한다. 렌즈 접촉식 카메라의 한계를 극복하기 위해 뷰카메라를 사용하기도 한다. 불교성이 짙은 내용의 변화는 초기 필름 시대와 같은 카메라 형식을 모색하게 했다.

"봄에도 눈꽃을 볼 수 있다는 암자는 6시간 정도 설악산을 올라야 만날 수 있다. 봉정암에는 부처님 진신사리를 봉안한 법의 결정체, 불뇌사리보탑(佛腦舍利寶塔)이 있다. 여느 탑과 달리 기단도 없이 자연 암반 위에 올라섰다. 겨울 찬 기운에 미동도 없다. 무엇을 말하는 걸까. 눈꽃을 이고 진 나뭇가지는 고개를 꺾었는데, 탑은 홀로 고요하다. 봉정암에 새벽의 찬 기운 서린 눈보라가 비처럼 쏟아져도, 설악 초목과 거대한 바위들은 천년을 하루같이 탑을 향해 예배하고 있다. 쌓인 눈은 스님의 발걸음 소리를 삼켰다."(글. 최호승)

봉정암 오층석탑 ⓒ유동영
2021년 1월호 '적멸보궁' 표지에 수록.

"설악산 가장 높은 곳에, 봉정암이 있다. 봉정암은 암자 이름대로 봉황이 알을 품은 듯한 형국의 산세에 앉았다. 가섭봉, 아난봉, 기린봉, 할미봉, 독성봉, 나란봉, 산신봉이 둘러쌌다. 순례객이 공양물 짊어지고 곡예 하듯 한참 기어가듯 올라가야 비로소 봉정암과 불뇌사리보탑이 시야에 들어온다. 눈[雪]과 큰 산[嶽], 사람이 빚은 신심의 삼중주는 탄식을 연주한다. 전생에 인연이 닿지 않으면 참배하기 어려운 그곳, 눈 쌓인 설악의 적멸은 바로 봉정암에서 완성된다."(글. 최호승)

설악산 봉정암 ⓒ유동영
2021년 1월호 '적멸보궁'에 수록.

"우리나라 사리신앙에 있어서 '적멸보궁'이라는 명칭은 빼놓을 수 없다. '보궁'이라는 단어가 가장 먼저 기록된 문헌은 『오대산사적』 속 「아조본산사적(我朝本山事蹟)」의 1466년 음력 10월 5일의 기록이다. '적멸보궁'이라는 명칭은 윤선거의 「파동기행(巴東紀行)」에 언급된 1664년 음력 3월 7일의 내용 중 오대산 중대와 관련된 적멸보궁이라는 편액에 대한 내용이 가장 빠르다. 즉 오대산 중대에서 여말선초 무렵 '보궁'이라는 명칭이 사용됐고, 이것이 조선 중·후기에 이르러 '적멸보궁'이라는 명칭으로 완성됐다."(글. 자현 스님)

통도사 금강계단 진신사리탑 ©최배문
2021년 1월호 '적멸보궁'에 수록.

"보궁은 부처님의 에너지가 응축된 사리를 모신 최고의 신성 공간이다. 최고의 성지인 보궁을 참배하면, 신앙인은 사리를 통해 부처님의 위대한 에너지를 공유하게 된다. 이렇게 되면 삶에 있어 모든 선은 증장하고 악은 소멸하는 복됨을 성취하게 된다. 불상에 올리는 기도가 무형적인 가피를 산출한다면, 보궁의 기도는 유형적인 사리를 통해서 보다 구체성을 확보한다."(글.자현스님)

통도사 금강계단에서 본 대웅전 ⓒ하지권

2021년 1월호 '적멸보궁'에 수록.

"자장 율사(594?~655?)는 진골 출신으로 신라 제26대 진평왕 때 출가한다. 이후 율사로서 명성을 떨치다 선덕여왕 때인 638년 당나라 유학길에 오른다. 그리고 642년 문수보살의 성산인 중국 산서성 오대산으로 성지순례를 감행한다. 이때 오대산 북대에서 문수보살을 친견하고, 불사리 100과와 부처님의 가사 등 성물을 받고는 643년 귀국한다. 이 사리를 나눠 모신 것이 한국불교의 적멸보궁이다. 자장은 646년 황룡사에 9층목탑을 건립하고 상륜부와 주심초석에 불사리를 봉안한다. 같은 해 말에는 언양(현재 양산)에 통도사를 창건하고 금강계단에 불사리를 모신다. 이외에도 울산 태화사를 창건해 석탑에 사리를 봉안했다. 여기까지가 자장이 경주와 수도권에 불사리를 봉안한 양상이다. 그러나 황룡사는 1238년 몽고의 전란 과정에서 소실되고, 태화사는 여말선초에 폐사된다. 통도사만이 남게 된 것이다."(글. 자현 스님)

오대산 중대 ⓒ하지권
2021년 1월호 '적멸보궁'에 수록.

"647년 선덕여왕이 비담과 염종의 난 과정에 죽게 되면서, 경주에서 자장의 입지가 흔들린다. 난을 평정한 김춘추·김유신 세력이 진덕여왕 시기를 주도하게 되자, 자장은 동북방의 하슬라에 은거하면서 평창 오대산을 개창하고 중대에 불사리를 봉안한다. 이후 평창 수다사와 강릉 한송사 그리고 태백의 정암사 등을 차례로 창건하는데, 불사리는 중대에만 모셨다. 이로 인해서 후일 양산 통도사와 오대산 중대의 '남북보궁(南北寶宮)' 구조가 확립된다. 현재까지 전해지는 '고산제일 월정사(高山第一月精寺) 야산제일통도사(野山第一通度寺)', 즉 '높은 산지에서는 중대 보궁이 속한 월정사가 최고며, 낮은 산지에서는 금강계단이 위치한 통도사가 제일'이라는 말은 바로 여기에서 유래했다. 또 월정사와 통도사는 보궁사찰이라는 최고의 위상에 걸맞게, 두 곳 모두 강원도와 경상도를 대표하는 교구본사로서의 위상을 확보하고 있다."(글. 자현 스님)

태백산 정암사 ⓒ하지권

2021년 1월호 '적멸보궁'에 수록.

"규봉암은 무등산의 동쪽 950m 높이 광석대 지대에 자리하며 주변에는 삼존석불을 비롯해 송광대, 법화대, 청학대 등 10대가 있다. 세종 때 전라관찰사 권극화가 남긴 「서석규봉기」에는 신라의상 대사가 창건했으며 보조국사 지눌 스님과 그의 제자인 진각을 비롯한 여러 국사스님이 도를 이룬 곳이라 적혀 있다. 이후로도 지공과 나옹 스님이 거쳐 가며 그 자취를 남겼다. 지금은 규봉암에서 행자 생활만 5년을 한 주지 무등 스님과 은사인 정인 스님이 규봉암에 적을 두고 있다." (글. 유동영)

"행자 생활 3년 차 되는 날인가, 은사스님이랑 아침공양을 허는데 수제를 들자마자 '무등아 산 하나 가져라' 그러시더라고. '왜요' 글더니 '내가 어젯밤에 기도를 험서 생각을 혔는데, 너헌티 무등산을 주는 것이 좋겄드라' 이러시더라고. 내가 그리서 무등이 됐재."(무등 스님)

무등산 규봉암 ⓒ유동영
2021년 2월호 '길이 닿는 암자'에 수록.

"통도사 창건 당시 절터는 아홉 마리 용[九龍]이 사는 큰 연못이었다고 한다. 사찰을 창건하면서 문수보살의 부촉(불법 보호와 전파의 부탁)으로 용들의 항복을 받아 쫓아냈다. 오직 용 한 마리만 그곳에 남아 터를 지키겠다고 굳게 맹세했다. 자장은 용의 청을 들어 연못 한 귀퉁이를 메우지 않고 남겼다. 이 연못이 바로 대웅전 동쪽에 있는 구룡지다. 비록 작고 깊이도 얕은 타원형 연못이지만 심한 가뭄이 와도 물이 마르지 않는다고 한다. 나머지 연못을 메워 지금의 대가람을 창건했다. 보통 연못을 메운 땅은 풍수에서 흉지로 본다. 통도사는 다르다. 풍수에서는 보통 혈을 맺는 산, 즉 용이 물을 만나면 멈추는데, 입지적 조건에 따라 용혈이 물을 건너기도 한다. 이를 도수협(渡水峽)이라 하는데 통도사가 도수협이 일어난 물 명당이다." (글. 세준 스님)

통도사 구룡지 ⓒ하지권
2021년 3월호 '명당'에 수록.

"지난봄에 말한 산신각이에요. 어때요? 딱 한 사람 누울 정도의 크기라도 편안하고 아늑하죠? 제가 산신각을 좋아해서 올봄부터 추워지기 전까지 여기서 지냈어요. 전각에는 아궁이를 안 두는데, 여기는 갑작스럽게 누구라도 오면 머물러야 하니까 예전 스님 때부터 매일 불을 넣었어요."
(효원 스님)

"금선대는 운달 스님이 김룡사를 창건하기 이전부터 운달산에 처음 자리를 잡은 암자다. 현대에와서는 성철 스님이 김룡사에서 처음 설법한 뒤 금선대를 중창함으로써, 많은 스님이 용맹정진수행터로 삼았다. 성철 스님을 비롯해 서암, 서옹, 법전 스님 등 기라성 같은 스님들이 다녀갔다. 한때 사람이 지내기 어려울 만큼 스러져, 잠시 비었던 암자였다. 김룡사 주지스님이 2년 전 새롭게 불사를 했고, 지금은 효원 스님이 정진 중이다." (글. 유동영)

문경 김룡사 금선대 산신각 ©유동영
2021년 1월호 '길이 감춘 암자'에 수록.

"도성암과 사관원은 큰 절 쌍계사에서 겨우 20여 분 거리에 있으나, 쌍계사에서는 굳이 산내 암자로 내놓고 말하지 않는다. 아마 선방 스님들의 수행처로 보호하려는 의도 때문일 것이다. 사관원은 옛 기록에는 옥소암으로 불렸다. 이번 철에는 해인사 수좌 승연 스님이 유구한 지리산 선맥에 좌복을 틀었다." (글. 유동영)

"지금까지는 줄곧 대중들이랑 함께 살다가 암자에 혼자 사는 거는 이번이 처음이에요. 몸이 예민해져서 함께 지내는 게 쉽지 않아서요. 대중에게 폐가 되니까. 나는 밥도 한 30분을 씹어야 하는데 우리 스님네들 알잖아요. 전기가 없어서 불편해도 큰절에서 반찬을 얻어다 먹으니까 불편한 건 없고, 물이 부족하긴 한데 물길을 새로 만들어서 큰 지장은 없어요. 처음에는 도성암에서 지냈는데 그 터는 나랑 잘 안 맞아서 비어있던 사관원을 고쳐서 지내고 있어요. 암반 위에다 앞이 시원하게 트인 자리라 수행자가 살기에는 딱이에요." (승연 스님)

지리산 쌍계사 도성암·사관원 ©유동영
2021년 1월호 '길이 감춘 암자'에 수록.

청전 스님 ©유동영

"티베트 불교에서 가장 강조하는 것이 교리적으로는 '공(空)' 그리고 신앙적으로는 '보리심'
이다. 보리심(菩提心, Bodhicitta)을 한마디로 정의하면 깨달음을 얻고자 하는 마음이다."

공주 학림사 오등선원 조실 대원 스님 ⓒ유동영
"모든 사람이 맑고 밝은 마음의 에너지 기운을 밖으로 낼 때 천하 만인이 다 좋아하게 됩니다."

광우 스님 ©유동영

"괴롭고 답답하고 힘들면 기도하세요. 붓다도 열반 전 사람이 아닌 법에 의지하라고
말씀한 것처럼 법을 모아둔 경전에 의지하세요." 2021년 5월호 '불광초대석'에 수록.

청도 운문사 율주 일진 스님 ⓒ유동영
"(영험담을) 기복이라고 폄하하는 사람들이 있는데 복을 바라는 순수한 마음 자체가 나쁜걸까요?
아무런 노력 없이 소원이 이뤄지길 바라는 심보가 문제지요." 2021년 9월호 '나한'에 수록.

"'부처님 오신날' 봉암사가 눈에 어른거리는 것은 사부대중이 손수 종이를 붙이고 초를 넣어서 켜는 등 때문이다. 다음 날 새벽예불 마친 스님들이 줄을 풀어 등을 내리는데, 어쩌다가 그때까지도 불을 밝히며 남아 있는 등이 있다."(글. 유동영)

문경 봉암사 연등 ©유동영
2021년 6월호 '인류의 유산 연등회' 수록.

"매년 참가자 수십만이 직접 만든 등을 들고 거리에서 그 빛을 나눈다.
보리수등과 운판등 행렬이 거리를 가득 메우고 있다."

연등행렬 ⓒ하지권
2021년 6월호 수록.

화엄사 주지 덕문 스님 ⓒ유동영
"명상은 불교 속 선이라는 큰 연못에 담긴 작은 그릇과 같아요. 하지만 선이 행으로 이어지는 복잡한
과정을 체계적으로 이끌어주지 못하니 많은 사람이 멀게 느끼고 있어요." 2020년 2월호 수록.

불교환경연대 상임대표 법만 스님 ©유동영

"부처님 가르침이 연기와 중도이고, 실천적으로는 자비와 생명 존중 아니겠어요? 불교에는
이미 있는 것이고, 저는 부처님의 가르침을 환경선언으로 이해합니다." 2022년 2월호 수록.

보원사지 당간지주 ©유동영
2021년 7월호 '드높고 은미한 이름 백제 불교'에 수록.

미륵사지 전각의 주춧돌 ⓒ유동영
2021년 7월호 표지에 수록.

"『아함경』에 나오는 내용으로 불가에서는 이 세 가지 향을 묘향(妙香)이라 한다. 불교와 도교를 넘나들며 『정본능엄경』을 쓴 전설의 개운 조사가 수행터로 삼았다고 하는 황금지붕 묘향대, 반야봉 동쪽 아래 1,500m 지점에 자리한다. 성삼재 주차장을 출발해 노고단 고개를 거쳐 네 시간 이상을 걸어야 닿을 수 있는 암자다. 지금은 위빠사나 수행을 하는 화엄사 호림 스님이 17년째 살고 있다."(글. 유동영)

"우리 스님들 법문하면 '간절하게, 간절하게' 말씀하시잖아요. 어떻게 해야 간절함이 나와? 죽음 앞에 서 봐야 하는 것이지. 내가 죽어 불면 있잖아 새로운 세상이 나와 불어. 내가 15일 동안 용맹정진하는 데 3년 걸렸어요. 3년. 앉아 있다고 용맹정진이라고? 개 똥 싸는 소리도 아녀. 아니지. 내 스스로 자신하게끔 진짜 30초도 20초도 졸아불면 다시 시작. 여여한 마음이 없으면 다시 시작. 마음이 항상 한 것이 용맹정진이라."(호림 스님)

지리산 반야봉 묘향대 ⓒ유동영
2021년 8월호 '길이 감춘 암자'에 수록.

"운산 스님은 IT 강국 한국에서 스마트폰을 먹통으로 만드는 왕모산에 암자 하나 짓고 정진 중이다. 스님은 직접 마당의 땅을 고르고, 황소바람이 들이치는 집 벽에 흙을 발랐다. 마당 한쪽의 쉼터 오두막도, 참선방 삼소굴도 손수 짓고 현판을 만들어 달았다. 600m 떨어진 계곡에서 석간수를 끌어왔고, 임야도 개간했다. 목화, 고추, 들깨, 더덕, 오이, 참외, 수박, 마늘 등 온갖 작물을 재배한다. 특히 수확한 목화로 솜이불, 옷, 좌복을 스님 손으로 만들었다. 그뿐만 아니다. 된장, 고추장 등 여러 장류도 담가 마당 앞 독에 보관해뒀다. 나열하는 것도 숨찰 정도로 종일 바쁜 일상이다."
(글. 최호승)

"게으름 부리지 않고 눈을 성성히 뜨고 정진하는 게 수행이죠. 스님마다 각자 처한 환경에서 하는데, 전 80% 이상 자급자족하기로 하고 여기 들어왔어요. 불자나 신도에게 손 안 벌리고 사는 방법이 아닐까 싶어서요."(운산 스님)

왕모산 삼소굴 운산 스님 ©유동영
2021년 8월호 '불광초대석'에 수록.

영천 거조사 영산전 나한상 ©유동영
2021년 9월호 '익살과 근음 사이, 나한'에 수록.

"경북 청도 운문사는 1978년부터 지금까지 43년간 오백나한 백일기도를 진행해왔다. 매년 날이 선선해지는 9월에 입재해서 추위지기 직전인 12월 초 회향한다. 코로나19 여파로 2년째 비대면 으로 치러지고 있지만, 여태껏 한해도 거르지 않고 진행됐다. 운문사의 긴 세월이 담긴 나한기도 는 운문사를 살아 숨 쉬는 나한신앙 도량으로 만들며 운문사에 독특한 정체성을 더하고 있다."
(글. 허진)

청도 운문사 ©유동영
2021년 9월호 수록.

"天地與我同根 (천지여아동근)
萬物與我一體 (만물여아일체)
하늘과 땅이 나와 더불어 한 뿌리고
만물이 나와 더불어 한 몸이다."
 - 월주 스님

월주 스님 ⓒ하지권
2021년 9월호 '태공당 월주 대종사 추모특집'에 수록.

"월주 스님이 학이 되어 하늘로 올라간 날, 모악산의 하늘은 맑기 그지없었다. 금산사의 높은 곳에 있는 금강계단에는 스님들과 재가불자들의 발걸음이 끊이지 않았다. 7월 26일, '태공당 월주대종사'의 영결식과 다비식이 조계종단장으로 엄숙히 진행됐다. 종정 진제 스님과 문도스님을 비롯한 사부대중은 월주 스님의 마지막 길을 추모했다. 영결식은 코로나19 방역 조치로 처영문화기념관에서 진행됐다.

특별히 가슴에 담긴 것은 광주 5·18 민주화운동 관련 단체의 추모글과 '월주 스님 어데갔노' 하는 나눔의 집 할머니들의 영상이었다. '歸一心源(귀일심원) 饒益衆生(요익중생),' 중생을 구제하고 인류의 행복을 위한 길을 걸어온 스님은 세수 87년, 법납 68세로 사바세계와의 인연을 마치고 모악산과의 이별로 향했다."(글. 김남수)

월주 스님 영결식 ©유동영
2021년 9월호 수록.

월주 스님의 법구 ©유동영
"금산사 말사 진북사 동찬 스님, 위봉사 주지스님과 선방 대중 등 비구니스님들이 반야용선을
상징하는 꽃 장엄으로 법구를 감쌌다."(글. 김남수) 2021년 9월호 수록.

월주 스님의 영결식 ©유동영
습골한 스님의 사리는 대적광전에 모셔졌다.
2021년 9월호 수록.

"어쩌면 신라의 보천·효명태자 이전부터 자리했을 유구한 수행터. 단연 조계종 최고 수행터로, 선승들의 기운 서린 1,200m 고지 오대산 서대 수정암. 그 이름만으로도 서늘해지는 암자다. 오래도록 옛 모습으로 이어져 오던 암자는 기둥이 기울고 지붕이 상해 2020년 6월 10일 해체하고 같은 해 11월 20일 즈음 새 모습으로 단장했다. 지금은 자연의 섭리를 따르며 살아 있는 숲을 그리는 칠불사의 자원 스님이 산다." (글. 유동영)

오대산 서대 수정암 ©유동영
2021년 10월호 '길이 감춘 암자'에 수록.

"이런 날씨는 오대산 몇 번 살았어도 첨이요. 거사님 지난달 다녀간 뒤로 여그 해 하루도 지대로 안 나왔으요. 맨날 구름에 비였지. 바람도 태풍 불 듯 하이까 저 이파리 물들기도 전에 다 졌잖아요. 벌써 단풍 들었어야 하는데 이기 단풍도 아이지."(자원 스님)

오대산 서대 수정암 ©유동영
2021년 11월호 '길이 감춘 암자'에 수록.

"선운사와 참당암을 창건한 검단 선사가 열반에 들 때임을 알아차리고, 사부대중을 불러 이른다. '나의 육신은 제행무상에 의해 멸하지만, 영혼은 도솔산의 산신이 되어 영원히 말세 고해 중생의 지장도량을 지킬 것이다. 도솔산의 수행자들이여, 뼈를 깎는 수행 정진으로 정각을 이루고 오직 고해 중생을 위해 헌신하고 자비를 실천하라.'

절집의 고요와 정갈한 전각의 모습은 분 단위로 바삐 움직이는 숨은 손길들이 있어서다. 도량석 보다도 먼저 각 전각에 청수가 오르고 향과 초가 탄다. 선방에는 벌써 불이 켜지고 정신을 가다듬 는 행선을 마친 뒤 좌선 중이다. 이렇게 세상을 깨울 준비가 돼 있는 새벽 네 시, 목탁은 비로소 부 처님 전에 청정한 도량을 고하는 도량석을 시작한다. 오방으로 지극한 절을 올린다. 세상의 모든 것들은 편안하소서!"(글. 유동영)

도솔산 참당암 ©유동영
2022년 2월호 '포토에세이'에 수록.

"원효 스님이 예언하기를 '(불기) 3천 년경에는 대한국에 있는 덕숭산에서 무수한 도인이 나오게 되는데, 불법의 성광이 전 세계에도 두루 비치게 된다'며 이를 만공 스님이 입증한다고 했다. 해발 500m가 채 되지 않는 덕숭산은 크지도 높지도 않으나 곳곳에 우뚝 솟은 바위들과 소나무들이 어우러져 편안하고 넉넉하다. 눈이 제법 내리는 겨울철엔 아름드리 소나무들이 눈 지붕을 만들어 더 없는 절경을 이룬다." (글. 유동영)

수덕사 환희대 ©유동영

2022년 3월호 '포토에세이'에 수록.

"아침 공양을 마친 아침 8시, 40여 명의 사부대중이 새벽부터 쌓인 미끄러운 눈길을 뚫고 정혜사 마당에 모였다. 수덕사만의 전통으로 이어져 오는 새해 첫날 통알을 위해서다. 통알은 위로는 부처님으로부터 아래로는 사중 모든 대중에게 올리는 절집의 세배 의식이다. 많은 절은 새벽 예불 뒤 주전각에서 통알 의식을 치르는데, 수덕사만은 유독 높은 곳에 자리한 정혜사까지 오른 뒤 다시 대웅전 부처님 전에서 통알을 한다." (글. 유동영)

수덕사 통알 안행 ⓒ유동영
2022년 3월호 '포토에세이'에 수록.

"눈이 내리지 않는 여느 해 같으면 정혜사 선방 스님들을 비롯해 견성암 비구니 스님 등 100여 명에 이르는 대중이 통알 의식에 동참했을 것이다. 정혜사 어른이신 설정 스님을 선두로 만공 스님이 기거하셨던 금선대를 거쳐, 만공탑 등에 예를 올린 뒤 대웅전에 이른다. 대략 1시간이 걸린다. 현재와 같은 통알의 정확한 유래를 알기는 어려우나, 사중 스님들에 의하면 아마도 만공 스님 이후 결제 중에 행하는 세배가 방해돼 그 번거로움을 피하고자 합동 통알로 갈음한 것 같단다."(글. 유동영)

수덕사 대웅전 통알 ⓒ유동영
2022년 3월호 수록.

"종정은 종통을 승계하는 최고 권위와 지위를 갖는 정신적 지도자다. 그래서 '법의 상징'이라 불린다. 그런데 지난 3월 30일 조계종 종정으로 취임한 성파 스님은 달랐다. 부처님오신날 특집 인터뷰 요청에 성파 스님이 곁을 내주었다. 월간 「불광」 발행인 지홍 스님, 류지호 불광미디어 대표가 서운암에서 다탁을 사이에 두고 성파 스님과 마주 앉았다." (글. 최호승)

"뱀이 물을 마시면 독이 되고, 소가 물을 마시면 우유가 되는 것이지요. 하는 행위는 문제가 아니라요. 항상 수행으로 다듬고 다듬어서 변함없을 때 '불구부정 부증불감(不垢不淨 不增不減)'이 되는 거지요. 비교하자면 옥이에요. 백옥은 진흙 속에 갖다 놔도 근본적으로 색이 변하지 않고, 흙을 닦으면 그만이라. 그래서 옥이 되느냐 안 되느냐부터가 수행이라." (성파 스님)

조계종 종정 성파 스님 ©유동영
2022년 5월호 '부처님오신날 특집'에 수록.

"간화선(看話禪)은 대중화될 수 있을까? 하안거 결제를 앞둔 5월 12일, 안국선원장 수불 스님과 중앙승가대 교수 금강 스님이 마주 앉았다. 한국불교 간화선이 일상에 어떤 영향을 끼치고 어떤 위치에 있는지, 향후 나아갈 방향을 화두처럼 던졌다. 대담은 류지호 대표가 진행했다."(글. 최호승)

"모처럼 선방에 갔어요. 살짝 혼자 공부하는 듯한 느낌이 많이 들었어요. 바깥에서 보기엔 소문이 달갑진 않지만, 실제는 충실하게 열심히 살고 있었어요. 다만 누군가가 불씨를, 그러니까 불을 지필 촉매제가 되어줄 눈 밝은 스님이 계시면 언제든 불꽃이 타오르겠더군요."(수불 스님)

"화두 들고 하는 공부인 간화선은 사실 현대인에게 가장 맞아요. 욕망이 과학을 만나면서 욕망은 더 커지고, 서로서로 욕망의 크기를 비교합니다. 꾸준하게 참선 프로그램을 진행했는데, 참가자들이 가진 고민이 해소되고 새 삶의 방향을 찾는 모습을 보죠."(금강 스님)

'선(禪), 어디까지 왔나?' 대담 ©유동영
2022년 6월호 수록.

안국선원장 수불 스님 ⓒ유동영
"활구(活句)를 걸어주고 유지하도록 경책하는 것이 굉장히 중요합니다."
2022년 7월호 '템플스테이 20년 좌담'에 수록.

지리산 상무주암 현기 스님 ©유동영
"눈 뜨고 꿈꾸는 사람 같은데, 여기 몽둥이 가져오시오. 꿈을 깨려면 뒤통수 맞아야지."
2022년 8월호 '불광초대석'에 수록.

칠봉칠탑 은주사 ⓒ유동영

2022년 8월호 '포토에세이' 수록.

운주사 와불 ©유동영
2022년 8월호 '포토에세이' 수록.

운주사 불감 안 부처님과 석탑 ⓒ유동영

2022년 8월호 수록.

"대웅전을 비롯한 국가 보물 6개 외에도 지역 문화재 11개와 문화유적 2곳 등을 품고 있으며, 20여 분만 오르면 겨레의 영산 마니산이 보이고 멀리 동쪽으로는 북한산 삼각산까지 또렷하게 볼 수 있는 곳. 절을 지키기 위해 아담한 산성이 포근하게 감싸고 있고 은행나무와 소나무·느티나무 등 보호수들이 즐비한 곳. 무엇보다 그 안에서 오랜 역사를 이으며 새 문화를 만들어 나가는 스님들이 산림을 이뤄 조화로운 곳, 전등사."(글. 유동영)

강화도 정족산 전등사 ⓒ유동영
2022년 9월호 '포토에세이'에 수록.

"대웅전의 네 귀퉁이 공포에는 이른바 나부상이라 불리는 서로 다른 모양의 목조 조각상이 놓여 있다. 전등사 대웅전 나부상 이야기는 두 말이 필요 없을 정도로 널리 알려져 있다. 어느 때인가 는 텔레비전 인기 프로그램이었던 〈전설의 고향〉에 이야기가 방영되면서, 전등사는 전국 각지에 서 나부를 보기 위해 찾아드는 사람들로 문전성시를 이뤘다. 매일매일 대형 버스들이 줄을 섰다 고 한다. 하지만 연구자들은 이 같은 이야기는 1970년대 이후에 말을 만들기 좋아하는 이들이 지어낸 것이고, 네 곳의 조각상은 법을 수호하고 부정한 것을 쫓는 '야차'라고 잘라 말한다. 법주사 팔상전의 층마다 전등사와 비슷한 조각상이 놓여 있다."(글. 유동영)

전등사 대웅보전 도량석 ⓒ유동영

2022년 9월호 수록.

강화 장정리 석조여래입상 ⓒ유동영
고려시대 석조불상으로 두꺼운 화강암 판석에 돋을새김했다.
2022년 9월호 수록.

김제 금산사 방등계단 북두칠성 ©유동영
새벽 예불을 마친 12월 어느 새벽, 국자 모양의 북두칠성 손잡이 끝별인
'알카이드(Alkaid)'가 방등계단 위에 섰다. 2022년 8월호 수록.

양양 낙산사 주지 금곡 스님 ©유동영
"(2005년 4월 화재에 불탄) 낙산사 복원은 국비는 반만 지원됐고, 나머지는 오로지 낙산사와 기도
하러 오신 국민들 원력으로 진행됐어요." 2022년 6월호 '김홍도 불교를 그리다'에 수록.

강화 전등사 회주 장윤 스님 ©유동영
"전등사는 강화도의 뿌리에 해당하죠. 지역 주민과 함께하는 전등사가 되기 위해 노력하고 있
습니다." 2022년 9월호 '섬에 깃든 고려왕조, 강화도'에 수록.

가평 백련사 주지 승원 스님 ©유동영
"은사이신 관조 스님은 '사진은 깨달음의 순간을 낚아채는 일이다'라고 말씀하셨죠."
2022년 11월호 '불광초대석'에 수록.

산골 노승의 화려한 점심, 미륵산 사자암 주지 향봉 스님 ©유동영

"있으면 있는 대로 행복하고, 없으면 없는 대로 자유로운 삶이다."

팔공산 파계사 주지 허주 스님 ⓒ유동영
"포살이라는 것은 참회하는 법회입니다. 마음속 때가 없고 먼지 없는 사람이 누가
있겠습니까?" 2022년 12월호 '달구벌 팔공산'에 수록.

비슬산 대견사 회주 성문 스님 ©유동영
"대견사 복원이 비슬산의 끊어진 거문고 줄을 잇는 일이라고 말씀하셨습니다."
2023년 4월호 '일연이 꿈꾼 삼국유사 비슬산'에 수록.

월정사 주지 정념 스님 ⓒ유동영

"오대산은 변방이잖아요? 오대산이 도심으로 갈 수 없으니, 도심 사람들이 오대산으로 오게끔
해야죠." 2023년 7월호 '좌우당간 강릉 삼척'에 수록.

'기도 혁명' 일구는 자현 스님 ⓒ유동영
"절에 가도 스님 만나기 어렵잖아요? 인터넷으로 들어가면 상황이 달라집니다."
2023년 11월호 '불광초대석'에 수록.

실상사 월선 스님 ⓒ유동영
스님이 머문 뒤로 실상사 마당에는 풀과 잔돌이 줄고 말끔해졌다.
2023년 1월호 '포토에세이' 수록.

실상사 회주 도법 스님 ⓒ유동영
"5년간 탁발 순례를 통해, '단순 소박한 삶에 대안이 있다'라는 믿음을 가졌습니다."
2023년 1월호 수록.

"금오산은 해발 1,000m가 채 안 되지만 암벽으로 되어 있어 정상에 오르기까지는 쉽지 않다. '금오산(金烏山)'은 아도화상이 명명했다는 설이 있다. 저녁노을 가운데로 황금빛 까마귀가 나는 모습을 보고, 태양의 정기를 받은 명산이라고 했다는 것이다. 이 산에는 해운사와 도선굴, 암봉 사이에 기묘하게 안착한 약사암과 석조여래좌상, 윤곽 뚜렷한 마애여래입상, 선봉사의 대각국사비, 김천시 남면 오봉 쪽의 갈항사 등 유서 깊은 사찰이 즐비하다." (글. 계미향)

금오산 약사암 ©유동영
2023년 10월호 '아도와 구미선산'에 수록.

"웬만한 사람이라도 약사암까지 올라가기란 만만치 않다. 그러나 좀 더 힘을 내어 올라가 볼 일이다. 정상 인근에 고려시대에 조성된 마애여래입상(보물)이 있기 때문이다. 그런데 이 마애불은 5m 이상의 거대한 자연 암벽의 모서리에 조성했기에 매우 입체적으로 보인다. 풍만한 얼굴에 눈, 코, 입도 뚜렷하며 광배와 대좌도 모두 갖추고 있어 애써 발품 팔아 찾아볼 가치가 충분하다."
(글. 계미향)

금오산 마애여래입상 ⓒ유동영
2023년 10월호 수록.

"불교에서 참된 지혜와 깨달음을 얻은 중생이 극락정토로 가기 위해서는 반야선을 타고 건너가야 한다. '반야(般若)'는 부처님의 지혜를 말하는데, 용의 형상으로 바다를 헤쳐 나가기에 '용선(龍船)'이라 하는 것이다. 부처님의 지혜로 방향을 잡고, 신이하고 강력한 힘을 가진 용이 배가 되어 중생들을 실어 극락정토로 인도한다."(글. 김희진)

순천 송광사 반야용선 ©유동영
2023년 12월호 '극락으로 가는 배, 반야용선'에 수록.

"반야용선의 의미는 영가의 극락왕생을 기원하는 천도재에서 극대화된다. 영가를 위한 스님의 염송에 빠짐없이 등장할 뿐 아니라, 입체적으로 만든 다양한 반야용선도 만날 수 있다. 대나무·한지·지화(종이꽃) 등으로 일회용 반야용선을 만들어 봉송 때 태우기도 하고, 영단(靈壇)에 상시 장엄물로 조성해 두기도 한다. 사바세계의 인연이 다한 영가를 피안의 정토로 인도하니 천도재에 더없이 적합한 조형물이기 때문이다."(글. 구미래)

보성 봉갑사 반야선 ©유동영
2023년 12월호 수록.

"신라 경덕왕 때인 749년 어느 날 돌로 만든 배가 달마산 아래 포구에 닿았다. 배 안에서 범패 소리가 들려 어부가 살피러 다가갔지만 배는 번번이 멀어져 갔다. 의조화상이 목욕재계하고 사람들과 포구로 나갔다. 그러자 금인(金人)이 노를 저어 배가 다가온다. 배에는 『화엄경』, 『법화경』, 비로자나불, 문수보살, 나한, 그리고 검은 돌들이 실려 있었다. 갑자기 돌이 갈라지며 그 안에서 검은 소 한 마리가 나왔다.

그 밤 의조화상 꿈에 금인이 나와 '나는 본래 우전국 왕인데 여러 나라를 다니며 부처님 모실 곳을 구하였소. 이곳 달마산에 이르러 일만불이 홀연히 다투니 여기 부처님을 모시려 하오.'라고 했다. 이튿날 소를 몰고 나아가는데 소가 땅바닥에 누웠다 일어난다. 의조화상은 소가 누운 첫 자리에 절을 지어 통교사(通教寺)라 하고, 두 번째 자리에 절을 지어 미황사(美黃寺)라 했다. '미'는 소의 울음소리가 아름다워서, '황'은 금인의 황금빛 색에서 따왔다고 한다." (글. 이광이)

해남 달마산 미황사 ⓒ유동영
2024년 7월호 '해남 땅끝 아름다운 절, 미황사'에 수록.

"달마대사가 중국에 선(禪)을 전하고, 이곳에 머물렀다 하여 이름 지어진 '달마산'. 땅끝을 향해 남서쪽으로 길게 뻗은 이 달마산에 달마대사가 걸었다던 옛길, '달마고도(達摩古道)'가 있다. 달마고도 3코스에 도솔암이 있다. 『동국여지승람』 기록에 도솔암은 통일신라 말에 의상대사가 창건한 기도도량으로 정유재란(1597) 때 명량해전에 패해 퇴각하던 왜구에 의해 화마를 입었다고 한다. 그렇게 빈터로 있던 곳을 법조 스님이 다시 세웠다. 스님은 2002년 오대산 상원사에서 기도드리던 중, 영몽(靈夢)을 꿨고 이곳으로 와 32일 만에 암자를 지었다.

아슬아슬한 높은 절벽 위, 석축을 쌓아 올려 확보한 작은 마당에 들어선 작은 법당 한 칸. 온몸이 땀으로 젖어 법당엔 들어가지 못하고 마당에서 삼배를 올린다. 바다 위로 점점이 멀어지는 배 한 척 넣고 바라보니, 바닷가에서 실려 온 바람이 땀에 젖은 옷을 살랑살랑 말린다."(글. 송희원)

달마산 도솔암 ©유동영

2024년 7월호 수록.

'사찰' 시리즈 완간한, 노승대 작가 ©유동영

"내가 문화유산에 기쁨을 느꼈듯이 이 기쁨을 사람들하고도 나눠야겠다고 다짐했죠."

2023년 12월호 '불광초대석'에 수록.

해남 미황사 부도암 현공 스님 ©유동영
현공 스님은 미황사가 아름다운 절로 거듭나기까지 30년간 불사를 진행했다.
2024년 7월호 '해남 땅끝 아름다운 절, 미황사'에 수록.

"수선사 거울은 1969년 구산 방장 스님이 조계총림을 설립하며 걸었다. 테두리는 나전으로 만
(卍) 자를 넣었다. 수선사 현판과 주련은 통도사 극락암 경봉 스님이 썼다. 수선사는 새벽 3시 도
량석보다 이른 2시 30분 행선으로 하루를 시작한다. 수선사 선방에는 1년 중 하루도 좌복이 놓
이지 않는 날이 없다. 수선사를 중심으로 동편에 국사전, 서편에 금강계단과 삼일암이 있다. 이들
선방 영역엔 스님들도 함부로 드나들지 않는다."(글. 유동영)

송광사 선방 수선사의 거울 ©유동영
2024년 8월호 '거울 속 나, 진짜 나일까'에 수록.

"매일 새벽 4시 대웅전 마당에서 시작한 도량석은 법고가 걸린 운고루 옆 대중처소를 지나 공양간으로 향한다. 공양간을 뒤로하고 보제루 계단을 올라 각황전 앞 부처님 전에서 마친다. 지난 2022년 강원이 문을 닫으며 새벽녘 도량에 울리던 독송 소리도, 예불에 참석하는 스님의 수도 줄었으나 도량과 산중을 깨우는 사물의 울림이 줄지는 않았다."(글. 유동영)

화엄사 도량석 ⓒ유동영
2024년 9월호 '포토에세이'에 수록.

화엄사 각황전 앞 석등 ⓒ유동영
기단과 간주석만으로 지리산을 품는다. 화창은 보수 중이다.
2024년 9월호 '포토에세이'에 수록.

화엄사 영산회 괘불탱 ⓒ유동영
매년 열리는 화엄문화축제 첫날 대웅전 마당에 걸린 진본을 친견할 수 있다.
2024년 9월호 수록.

"구례 앞뜰이 내려다보이는 곳에 네 마리의 사자가 탑신을 받치고 있는 화엄사 사사자 삼층석탑 (국보)이 있다. 사사자 삼층석탑의 2층 기단에는 네 마리의 사자와 중앙에는 스님상이 있고, 탑의 맞은편에는 손에 무언가를 들고 있는 또 다른 스님상이 있다.

사사자 삼층석탑과 석등의 인물상은 오랫동안 많은 설화를 만들어냈다. 즉 탑의 인물상은 화엄 사를 창건한 연기조사의 어머니며, 석등의 인물상은 연기조사라는 설이 널리 퍼졌다. 연기조사 가 어머니께 공양 올리는 것으로 해석해 조선시대에 화엄사를 방문한 많은 문인이 이곳을 '효대 (孝臺)'라고 칭했다. 그러나 자세히 살펴보면 탑과 석등의 인물은 모두 스님 모습인데 탑의 스님상 은 손에 연봉오리를, 석등 인물상은 받침이 있는 찻잔을 들었다. 두 인물상이 들고 있는 것은 부 처님께 올리는 공양물인 연꽃과 차로 보는 것이 타당하지 않을까."(글. 유근자)

화엄사 사사자삼층석탑 ⓒ유동영
2024년 9월호 '꽃으로 그린 빛의 세상, 지리산 대화엄사'에 수록.

"화엄사는 1,000년을 훌쩍 뛰어넘는 역사를 지닌 곳이고 국보와 보물 등 많은 문화유산을 지닌 곳이지만, 근래에 핫한 것은 '홍매화'다. 홍매화가 피는 봄이면 홍매화 축제가 열리고, 홍매화를 소재로 사진 콘테스트도 개최한다. '내가 그의 이름을 불러주었을 때, 그는 나에게로 와서 꽃이 되었다'는 어느 시 구절처럼, 고독히 화엄사를 지켜주던 각황전 앞 홍매화는 무수한 사람들의 속삭임과 함께 '화엄매'라는 이름을 갖게 됐다. 지리산에 봄이 오면 화엄사 홍매화 사진이 언론과 SNS로 거의 실시간 생중계된다. 나무 한 그루가 화엄사를 전국적으로 알리고 있다. 또 하나, 홍매화는 구례의 밤 문화를 바꾸고 있다." (글. 김남수)

화엄사 홍매화 ⓒ유동영

2024년 9월호 수록.

555호, 2021년 1월호

556호, 2021년도 2월호

557호, 2021년도 3월호

558호, 2021년도 4월호

559호, 2021년도 5월호

560호, 2021년도 6월호

561호, 2021년도 7월호

562호, 2021년도 8월호

563호, 2021년도 9월호

564호, 2021년도 10월호

565호, 2021년도 11월호

566호, 2021년도 12월호

567호, 2022년도 1월호

568호, 2022년도 2월호

569호, 2022년도 3월호

570호, 2022년도 4월호

571호, 2022년도 5월호

572호, 2022년도 6월호

573호, 2022년도 7월호

574호, 2022년도 8월호

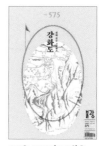

575호, 2022년도 9월호

576호, 2022년도 10월호

577호, 2022년도 11월호

578호, 2022년도 12월호

579호, 2023년도 1월호

580호, 2023년도 2월호

581호, 2023년도 3월호

582호, 2023년도 4월호

583호, 2023년도 5월호

584호, 2023년도 6월호

585호, 2023년도 7월호

586호, 2023년도 8월호

587호, 2023년도 9월호

588호, 2023년도 10월호

589호, 2023년도 11월호

590호, 2023년도 12월호

591호, 2024년도 1월호

592호, 2024년도 2월호

593호, 2024년도 3월호

594호, 2024년도 4월호

595호, 2024년도 5월호

596호, 2024년도 6월호

597호, 2024년도 7월호

598호, 2024년도 8월호

599호, 2024년도 9월호

600호, 2024년도 10월호

평생을 경전 연구에 바친
우리 시대의 가장 존경받는 대강백(大講伯),
여천무비 스님이 펼쳐놓은 장대한 교학(教學)의 바다!

사부대중의 어두운 눈을 밝혀주고 버벅대는 걸음에 힘을 실어주어,
모든 이들이 환희의 마음으로 부처님을 찾아
정토 연화세계에 다가설 수 있도록 북돋아주는 일대쾌거!

여천무비스님 全集
25권 출간

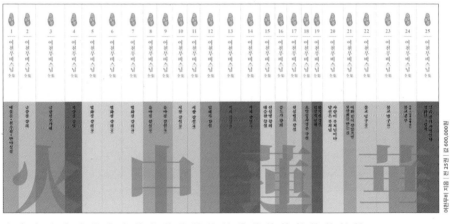

1 예불문·천수경·반야심경
2 금강경 강의
3 금강경오가해
4 지장경 강의
5 법화경 강의(상)
6 법화경 강의(중)
7 법화경 강의(하)
8 유마경 강설(상)
9 유마경 강설(하)
10 서장 강설(상)
11 서장 강설(하)
12 임제록 강설
13 직지 강설(상)
14 직지 강설(하)
15 신심명 강의·대승찬 강설
16 증도가 강의
17 초발심자경문 강설
18 왕복서 강설·법성게 선해
19 사람이 부처님이다·당신은 부처님
20 이와 같이 살았으면·보살계를 받는 길
21 불교 명구(상)
22 불교 명구(하)
23 불교 공부
24 무비 스님과 함께하는 불교 공부
25 열 번의 작별인사·연화신 그림자

여천무비(如天無比) _ 1958년 불국사로 출가하여 여환 스님을 은사로 사미계를 받았다. 1964년 해인사 강원을 졸업하고 동국역경연수원에서 수학하였다. 이후 10여 년간 제방선원에서 수행하였으며 1976년 탄허 스님에게 『화엄경』을 수학하고 전법을 받았다. 통도사 강주, 범어사 강주, 은해사 승가대학원장, 대한불교조계종 교육원장, 동국역경원장, 동화사 한문불전승가대학원장 등을 역임하였다. 현재 부산 범어사 화엄전에 주석하고 있으며, 카페 〈염화실〉을 통해 '모든 사람을 부처님으로 받들어 섬김으로써 이 땅에 평화와 행복을 가져오게 한다'는 인불사상 (人佛思想)을 펼치고 있다.

불광출판사 전화 02) 420-3200 | www.bulkwang.co.kr | 불광미디어

"내 생명 부처님 무량공덕 생명"

불광 창립 50주년,
그리고 다시금 새기는 광덕 스님의 영롱한 생명의 언어들!

광덕 스님의 말씀과 글은
지금까지도 끊이지 않는 샘물처럼
오늘 우리의 행복을 창조하는 원천이 되고 있다.
광덕 스님의 사상과 가르침의 정수를
누구나 쉽고 편하게 접할 수 있도록
3년여에 걸쳐 엄선하고 주제별로 분류하여
한 권의 법어록으로 집대성하였다.

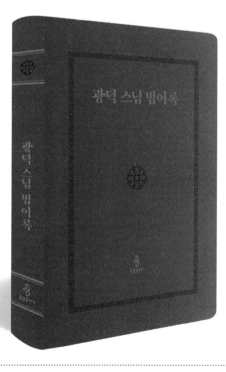

광덕 스님 법어록

544쪽 | 30,000원

광덕 스님(1927~1999) ··

1974년 9월 불광회(佛光會)를 창립하고, 같은 해 11월 월간 「불광」 창간, 불교의식문 한글화, 경전 번역, 찬불가 작시, 불광사 대중법회 등을 통해 부처님의 가르침을 만인의 품으로 돌려주며 대중을 일깨웠다. 스님은 불교의 생활화·대중화·현대화를 정착시켜 한국불교의 새로운 역사를 썼으며, 우리 시대의 보현보살로 존경받았다. '내 생명 부처님 무량공덕 생명'이라는 절대긍정의 세계를 열어보인 스님은 1999년 세연을 조용히 거두고 입적했다.

🪷 불광출판사 전화 02) 420-3200 | www.bulkwang.co.kr | ▶ 불광미디어

불광 50주년 릴레이 강연

Bulkwang 1974

Buddha Big Question
불광 창립 50주년을 맞아 국내 대표적 스님과
불광필자 등을 강연자로 모시고,
시대가 고민하는 내용을 주제로 해답을
모색하고 시대정신을 묻는 시간을 갖는다.

붓다빅퀘스천
BUDDHA BIG
QUESTION

시대가 묻고 불교가 답하는 시간!

"한국불교의 변화를 모색하다"

주제	일시	장소	강연자
불교의 근본을 생각하다	10월 1일(화) 오후 6시	조계사 전통문화예술공연장	청전스님 "티베트 불교에서 무엇을 배울까" 원철스님 "불교고전에서 배우는 삶의 지혜"
지금 불교는 어디로 가고 있나	10월 15일(화) 오후 6시	노무현 시민센터	성해영 교수 "탈종교 시대, 종교 스스로 달라져야 한다" 홍창성 교수 "철학으로서 불교는 죽었는가?"
어떻게 살 것인가	10월 16일(수) 오후 7시	조계사 전통문화예술공연장	법륜스님 "불교도들은 지금 무엇을 해야 하는가"
새로운 불교를 생각하다	11월 5일(화) 오후 6시	조계사 전통문화예술공연장	금강스님 "교육현장에서 바라본 한국 승가교육의 변화 방향" 이중표 교수 "불상의 불교에서 불경의 불교로 변화해야 한다"
수행과 건강한 일상	11월 19일(화) 오후 6시	조계사 전통문화예술공연장	자현스님 "인공지능의 시대, 붓다의 가르침" 전현수 박사 "현대인의 불안, 불교정신치료의 해법은 무엇인가?"
불교란 무엇인가?	11월 26일(화) 오후 6시	조계사 전통문화예술공연장	강성용 교수 "질문을 던지는 것이 불교 공부다" 권오민 교수 "한국 불교의 교학은 어디로 가고 있는가?"

접수방법

참가비   1회 강연참가료 1만원, 전체 신청할 경우 5만원(1만원 할인)

참가신청   QR코드로 웹사이트에서 신청서 작성

계좌번호   **301-0242-6596-11**(농협) **㈜불광미디어**(신청자명으로 입금해주세요)

문의   **010-5761-9417**(이름 및 이메일을 적어서 보내주세요)

주최   **불광미디어**   www.bulkwang.co.kr   www.youtube.com/c/bulkwangc

후원   재단법인 **보덕학회** / 재단법인 **대한불교진흥원**

지나온 50년, 나아갈 100년

불광 50년 연혁

1974	주요 일지	9월	월간「불광」등록(라-1809호)
		11월	창간호 발행, 발행인 겸 편집인: 고병완(광덕)
	주요 연재		성전 강의실(~ 1979.3. 광덕)
			성공자의 자기관리법(~1975.7. 불광회 교학부)
			심령연구(~ 1975.10. 광덕)
			정신분석 노트(~ 1979.11. 小此木啓吾)
			불광의 성좌들(~ 1975.11. 일타 벽파 외)
	주요 특집	11월	순수불교선언(광덕), 발간 축사(서옹)
		12월	중생심중의 청정광명심이 자재를 성취시킨다(고암)

1975	주요 일지	10월	불광법회 창립
	주요 연재		겁외가劫外歌(~ 1976.11. 경봉)
			선전촬요연의禪典撮要演義(~ 1976.11. 석주)
			빛을 행하는 길(~ 1975.12. 이기영)
			선시(~ 1975.9. 석지현)
			영산(靈山)의 향풍(~ 1976.3. 지관)
			향가문학에 나타난 불교사상(~ 1975.12. 김운학)
			자하문(~ 1977.2. 서정주)
	주요 특집	9월	한국불교의 당면과제(김성배), 우란분절의 의의(정태혁) 외
		10월	한국불교의 교단형태론(이종익), 상담과 포교(이영자)
		11월	오늘의 포교를 점검한다–불광 창간 1주년 기념 좌담
		12월	전통사상의 현재(조명기 이기영 이종익)
			무의식에 대하여(이부영) 외

1976	주요 일지	1월	'불광보내기 운동' 시작
	주요 연재		빛을 행하는 길(~ 1976.7. 고익진 서경보 김한천 외)
			연꽃마을(~ 1978.10. 효경)
			한국의 고적(~ 1977.10. 정영호)
			한국불교 인물전(~ 1977.7. 김영태)
			부처님 나라 순례기(~ 1977.7. 김구산)
			현대인의 정신위생(~ 1987.10. 이동식)
			윤회의 현대적 규명(~ 1978.10. 김경만)
	주요 특집	연중	전통 사상의 현재: 원효, 의상, 원측, 승랑, 보조 등
		2월	보살은 이와 같이 교화한다(송석구 박선영 외)
			불교 종단의 전통과 문제점(송월주)
		3월	출가(김항배 박경훈 법정 이성타 외)
		5월	부처님 오신 날(원의범 김일타 한상범 외)
		11월	오늘에 빛을 주자(고형곤 이숭녕 송지영 외)

1977	주요 연재		선의 고전 (~ 1980.12. 석주)
			한국의 불교미술 (~ 1976.11. 황수영)
			경전소개 (~ 1978.3. 지관)
			보현행원품 강의 (~ 1978.10. 광덕)
			불교의 근본사상 (~ 1978.1. 고익진 목정배)
	주요 특집	1월	믿음이란 어떤 것인가(서돈각 목정배 광덕)
		3월	3.1 정신과 불교(이기영 고은 도문)
		5월	불교의 청소년 교화(김정환 김병옥 김두식 외)
		7월	현대국가와 호국(김상구 송석구 이종익 외)
		9월	조상숭배(유석형 고광덕 원의범 외)
		10월	불교음악(서창업 홍윤식 운문 외)

1978	주요 일지	10월	'불광출판부' 등록(제1-183호)
	주요 연재		무공저 (~ 1979.4. 경봉)
			근대불교인물전 (~ 1978.5. 이홍우 정광호 외)
			불교를 다시 생각해봅니다 (~ 1979.12. 김재영)
			인도체류기 (~ 1979.2. 서경수)
			사경이야기 (~ 1980.8. 김운학 황수영)
			구도문답 (~ 1987.12. 구도부)
	주요 특집	연중	불교신앙: 미륵신앙, 아미타신앙, 문수보살, 보현보살 등
		3월	한용운 사상의 원천(최범술 인권환 송건호 외)
		8월	8 · 15와 오늘(장경학 한승조 홍정식 외)
		12월	경제성장과 불교(장원종 서경수)

1979	주요 일지	6월	종로구 봉익동으로 사무실 이전, 이전기념식 개최(7월)
	주요 연재		부처님 팔상법문 (~ 1980.12. 박경훈 편집부)
			연꽃마을동화 (~ 1984.9. 금하)
			노사의 운수시절 (~ 1982.4. 정산 조용명 운성 등)
			심령세계 탐구 (~ 1980.2. 유석형 철오)
			최근세 불교의 선구자 (~ 1980.9. 광덕 이성타 목정배 외)
	주요 특집	3월	부처님의 성도와 열반
		6월	호국불교(송석구 김영태 광덕 송적)
		8월	인도불교의 어제와 오늘(정태혁 원의범 외)
		10월	남방불교의 어제와 오늘(김영길 김하우 외)
		11월	중국불교의 어제와 오늘
			창간 5주년 특별기획: 불법은 행복의 문을 연다
		12월	일본불교의 어제와 오늘(리영자 홍윤식 외)

1980	주요 일지	1월	본문 컬러 화보
	주요 연재		한국의 불상(~ 1987.8)
			불교강좌(~ 1981.11. 박경훈)
			청소년 불교강좌(~1989.12. 김재영 반영규 석지명 회암)
			윤회의 실증(~ 1984.3. 이안 스티븐슨)
			경전 스케치(~ 1982.4. 교학부)
			해외논단(~ 1987.8.)
	주요 특집	1월	세계불교의 현황(김지철 데비스 테일러 외)
			한국불교, 무엇을 할 것인가?(일타 광덕 운학 박경훈)
		4월	불교포교를 논한다(김재영 김봉식 윤청광 외)
		5월	신도회 조직을 논한다(장이두 박경훈 이건호 외)
		7월	성보 문화재를 점검하다(박명선 서정대 외)
		9월	종립학교의 교육(이영자 김영길 외)

1981	주요 일지	1월	본문 2도 인쇄
	주요 연재		선입문(~ 1981.11. 광덕)
			현대인의 마음과 신체(~ 1982.1. 馬場謙一)
			인도문화소개(~ 1981.12. 빠니까르/이지수 역)
			연재만화 달공거사(~ 1993.3. 이정문)
			노사의 학인 시절(~ 1982.3. 운성 외)
			경전해설(~ 1982.12. 전명성)
			한국의 불화(~ 1987.8.)
	주요 특집	연중	특별기획: 원각경, 정토삼부경, 법화경, 유교경, 유마경 등
		8월	불교와 효

1982	주요 일지	2월	본문 컬러 화보 증면(총 16면)
		10월	잠실 불광사 창건
	주요 연재		원효대사 법문(~ 1983.3. 심재열)
			사진으로 보는 불교미술의 역사(~ 1983.8. 문명대)
			선시시심(~ 1990.5. 이종찬)
			부처님의 교단생활(~ 1983.12. 이희익)
	주요 특집	연중	특별기획: 지장십륜경, 미륵경전, 입능가경, 승만경 등
		5월	부처님 오늘 이렇게 오시다(이종익 목정배 외)

1983	주요 연재		고사의 향기(~ 1991.7.)
			불교와 국문학(~ 1983.4. 김용태)
			불교와 여성(~ 1984.12. 백경임)
			만선동귀집(~ 1984.5. 석일장)
	주요 특집	2월	100호 특집1: 오늘의 보살, 무엇을 할 것인가?(광덕 효경 외)
			100호 특집2: 이것이 불교 중흥의 길이다(진경 영지 운덕 외)
		11월	창간 9주년 기념강연(채인환)

1984	주요 일지	1월	한글 가로쓰기 전면 시행
	주요 연재		성철 스님 특별기고: 해탈에 이르는 길(~ 1985.8.)
			지상강단(~ 1986.9. 이지관 동봉 효원 일진 지오 외)
			사진으로 보는 불교미술의 역사(~ 1987.11.)
			내 나라, 내 겨레(~ 1985.12. 달라이 라마)
			불교미술의 역사(~ 1987.12. 이기선)
			서경수 칼럼(~ 1984.12.)
			법회강단(~ 1984.10. 박성배)
			산사의 멋·산사의 맛(~ 1984.12. 김연식)
	주요 특집	5월	부처님 오늘 오시다
		11월	창간 10주년 특집호

1985	주요 연재		서옹 큰스님의 사자후(~ 1986.1.)
			심층교학해설(~1987.8. 오형근)
			난치병(~ 1990.7. 김월운)
			에세이-동불東佛 서불西佛(~ 1985.7. 박성배)
			한국불교사(~ 1987.8. 김영태)
			연꽃나라 이야기(~ 1987.6. 조명렬)
	주요 특집	연중	아함경(최봉수) 화엄경(도업)

1986	주요 연재		연구실 노트(~ 1987.4. 리영자)
			에세이-동불서불(~ 1987.8. 정병조 길회성 송석구)
			해외강단(~ 1986.10. 성운)
			교학강좌-용수철학(~ 1987.8. 자야데바싱)
			바라밀 교학강좌(~ 1987.12. 김영태 고익진 리영자 외)
			불사의 현장(~ 1995.7. 취재기사)
	주요 특집	1월	우리불교 나의 구상(오녹원 김월서 외)
		11월	창간 기념강연-진실을 사는 길(황산덕)

1987	주요 일지	7월	강남구 역삼동으로 사무실 이전
	주요 연재		전법기행-한국 비구 모스코바를 가다(~ 1987.5. 숭산)
			마조어록(~ 1988.4. 광덕)
			중국불교의 이승(~ 1987.7. 鎌田茂雄)
			이남덕 칼럼(~ 2000)
			연작 소설(~ 1991.6. 남지심)
	주요 특집	9월	과학과 불교의 만남(김용정)
		10월	우리는 보살(석지광 문정희 외)

1988	주요 연재		특별기획-불교의 근본사상(~1988.12. 성철)
			건강교실(~1993.12. 김정희 홍문화 외)
			현대인의 정신건강(~1989.10. 백상창 문홍세 이동식 외)
			생활인의 불교신앙(~1988.6. 배광식)
	주요 특집	1월	비교종교 연구
		5월	현대 사회의 우리들, 불교 어떻게 신행할 것인가
		6월	한국불교 중흥의 전망과 과제(강건기 한상범 송월주)
		11월	원효의 화쟁사상과 민족 통일(목정배 이종익 김호성 외)
		12월	윤회를 다시 본다(진열 현장 박희준 외)
1989	주요 연재		인물탐방(~1991.6. 취재기사)
			불교기초교리강좌(~1993.5. 해주)
			한국불교 정화운동의 재조명(~1989.5. 송월주)
			불교의식의 이해(~1989.12. 홍윤식)
			선의 고전-선문단련설(~1993.5. 연관 역)
	주요 특집	2월	가려뽑은 불교명시
		3월	출가, 그 영원한 자유의 길(여연 박광서 지광 외)
		6월	빛바랜 땅의 등불(박삼중 종실 남수영 윤종대)
		7월	나의 길, 나의 스승(백운 시명 월운 혜산 도업 외)
1990	주요 일지		잠실 불광사로 사무실 이전
	주요 연재		선심시심(~1990.12. 인권환)
			우리 얼 우리 문화(~1991.12. 노승대)
			동심불심(~1992.3. 김미숙 고창우 신현광 외)
			부모님을 위한 청소년 상담(~1994.12. 김재영 전현수)
			결혼 가정 행복의 장(~1990.5. 이근후)
			부처님 그늘에 살며 생각하며(~2000.12. 인물취재)
			나의 인생을 결정한 불교서(~1992.12.)
	주요 특집	1월	불법 만남의 기쁨(한자용 상덕 신동춘 외)
		3월	나의 수행 일과(현능 류종민 김옥순)
		6월	나의 이 원이 겨레를 구하리니(진오 이진상 구품화)
		8월	이 땅에 정토를(동출 혜문 박걸 김석)
		11월	본성 생명을 키우는 길-계율(일타 광덕 금홍고 외)
1991	주요 연재		사진으로 보는 설법(~1994.5. 관조)
			우바이 만세 여성불자 만세(~1994.12. 동봉)
			오늘을 밝히는 등불들(~2000.12. 취재기사)
	주요 특집	1월	보현행원으로 보리 이루리(이종익 송암 영명)
		3월	찬탄을 온 이웃에게(도업 송병욱 이정희)
		5월	자기 정화, 참회(현각 김소향)
		6월	200호 특집호
		11월	기쁨은 이웃에게 모두에게 돌리리(최지원 이묘희 오춘단)

1992	주요 일지	4월	국악교성곡 '보현행원송' 공연(세종문화회관)
		10월	도서출판 '한강수' 등록, 일반 교양도서 발간
	주요 연재		법화경 강의(~ 1994.4. 무비)
			푸른 꿈 밝은 길(~ 1993.10. 도법 박세일 남지심 노부호)
			법사노트(~ 1993.12. 김재철 이욱태 김말환 신진욱 외)
			사찰, 그 속에 깃든 의미(~ 1999.10. 김현준)
			연재 소설(~ 1997.7. 백운)
	주요 특집	1월	지구환경파괴와 생태계의 위기(김동민 최한실)
		5월	불교의 자연과 인간관(유정길 김형중)
		7월	생태계의 파괴, 인간성의 매몰(김명수 최형선)
		10월	작은 실천이 만드는 깨끗한 환경(정용 김성자)
		11월	창간 18주년-내가 아끼는 「불광」(강석주 명성 박경훈 외)
1993	주요 연재		사진 설법(~ 1995.12. 홍순태 문성 도일)
			심우송(~ 1993.10. 석정)
			불자 가정 만들기(~ 1995.12. 취재기사)
			풍경소리(~ 1999.10. 한상범 유영종 외)
			물처럼 구름처럼(~ 1996.12. 주경 지묵 덕진 법현 외)
			깨침의 두레박(~ 1994.3. 정찬주)
			재가의 선수행(~ 1995.12. 박영재)
			웃음 만들기(~ 1993.12. 안장헌)
	주요 특집	1월	우리 청소년들에게 들려주고 싶은 말(광우 이상우)
		2월	노인들이 가꾸는 행복한 가정(김정순 임동욱 이윤수)
		4월	우리 사이 좋은 사이 (전용의 김준석 정광호)
		7월	우리 사이 좋은 사이4-도반(종태 이종욱 한상욱)
		11월	보람의 현장2(혜광 이상란 고해우)
1994	주요 일지		제3회 공보처 '우수 잡지' 선정
	주요 연재		사진 설법(~ 1995.12. 석공 관조 도일)
			사상의 고향(~ 1997.12. 취재기사)
			염화미소(~ 1996.12. 윤열수 윤명숙)
			최기철 칼럼(~ 1994.7.)
			성륜 스님 그림 이야기(~ 1994.12.)
			불교와 현대과학(~ 1995.5. 김용운)
			삶의 여성학(~ 1999.10.)
	주요 특집	1월	창간 20주년 특별대담(광덕 종실)
			창간 20주년 특집-불교 내일을 위한 제언1(성일 김정년)
		5월	창간 20주년 특별대담 (석주 진관)
			창간 20주년 특집-불교 내일을 위한 제언(승원 성태용)
		10월	창간 20주년 특집-불교 내일을 위한 제언(민관식 우인보)

1995	주요 일지		제1회 부처님 그림 그리기 대회(목아불교박물관, 2006년까지)
	주요 연재		스님의 그늘(~ 1999.10. 박경훈)
			월인천강지곡 별곡(~ 1995.12. 김규현)
			불국토 순례기-인도(~ 1996.10. 이거룡)
			세계의 불교(~ 1997.4. 안동일)
			불교의 세시풍속(~ 1995.12. 심우성)
	주요 특집	2월	개선되어야 할 장묘제도(윤양수 이용권)
		4월	불교공부 어떻게 할 것인가(진옥 김재영)
		6월	조국통일과 불교계의 역할(법안 정환담)
		8월	불교계의 전산화(김용철 이정)
		9월	불교의 태아관과 임신중절, 중절아 천도(박선영 석묘각)
		10월	재가수행과 출가수행(한지안 김정빈)

1996	주요 연재		선지식 탐방(~ 1999.12. 월하 비룡 장일 보각 외)
			반야심경 강의(~ 1996.12. 김용정)
			글과 그림이 있는 마당(~ 1996.12. 정운 심응섭)
			길을 묻는 이에게(~ 1997.10. 서광)
			불보살의 세계(~ 1998.12. 목아 불교박물관)
			불국토 순례기-베트남(~ 1997.4. 이혜연)
	주요 특집	2월	우주의 생성(고익진 양형진)
		6월	사람의 운명(송재국 김성철)
		7월	마음이란 어떤 것인가(이동식 명정)
		9월	윤회(전현수 석지명)
		12월	깨달음(김구산 최현각)

1997	주요 일지	5월	부처님오신날 봉축위원회 특별상 수상
	주요 연재		불교 문화의 새로운 유형 만들기(~ 1997.12. 취재기사)
			번뇌에서 건지는 깨달음(~ 1998.10. 지명)
			시와 그림으로 엮는 고찰 순례(~ 1997.12. 박희진 이호신)
			수미산 순례기(~ 2000.12. 김규현)
	주요 특집	연중	보시(1월) 오계(2월) 인욕(3월) 정진(4월) 나의 참선공부(5월) 반야바라밀(6월)
		7월	휴가 이렇게 보낸다(이영수 우나루 외)
		8월	늙음(일연 반영규 김경현)
		10월	죽음(혜거 맹란자 최혜경)

1998	주요 연재		인광대사 가언록(~ 1999.12. 보적)
			자타카(~ 1998.12. 원성)
			유식삼십송 강의(~ 1999.10. 혜거)
			수행을 돕는 게송(~ 1999.10. 틱낫한 외)
			불교와 환경(~ 1999.10. 이병인 이영경)
			불교문화산책(~ 2001.12. 최성규)
	주요 특집	연중	마음(1월) 진심(眞心, 2월) 어리석음(3월) 운명(4월) 꿈(6월) 참회(7월)
			수행과 음식(8월) 제사(9월) 기도(10월) 회향(12월)

1999	주요 일지	3월	광덕 스님 열반
		4월	지정 스님, 발행인 겸 편집인 취임
		10월	홈페이지 오픈
		11월	창립 25주년 및 월간 불광 300호 발행 기념 대법회
	주요 연재		성불의 길 보살의 길(~ 1999.7. 이종린)
			징검다리(~ 2003 박찬옥 서광 외)
			수행합시다(~ 2003 혜봉)
			보현행원품 강의(~ 2000.12. 한탑)
			불교문화산책(~ 2001.12. 최성규)
	주요 특집	4월	광덕 큰스님 생애와 사상(박경훈 한탑 조용길)
			큰스님을 기리며(지정 종실 박범훈 유용숙 외)
		10월	300호 발행 특별 좌담(정련 정덕 이남덕 외)

2000	주요 연재		고승법석(~ 2002.12. 김충현)
			설화가 깃든 산사 기행(~ 2004.12. 김승호)
			주제별로 가려 뽑은 경전말씀(~ 2001.12. 일지)
			교학강좌(~ 2000.12. 최봉수)
			선심시심(~ 2000.12. 정관)
	주요 특집	연중	불교의 복지관(1월), 불교의 세계관(3~4월), 불교의 인간관(5~12월)
		2월	광덕 스님의 사상적 특성과 불광운동의 의의

2001	주요 연재		창문을 열고(~ 2002 지정)
			선의 세계(~ 2004.12. 현각)
			불교신행공덕(~ 2002.12. 마성)
			만남과 열림(~ 2001.12.)
			불교와 21세기(~ 2003.12.)
			건강교실(~ 2007.12. 김규만 장동순 외)
	주요 특집		만행(2월) 출가(3월) 초발심(4월) 가행정진(6월) 나의 수련기(7월)
			도반(8월) 나의 길 나의 스승(9월) 나의 전생(11월)

2002	주요 연재		우리 스님(~ 2007.12. 무비 해주 외) 불광이 만난 사람(~ 2004.12. 김성동 오명근 외) 불교문화산책(~ 2006.12. 홍대한) 푸른 목소리(~ 2003.12. 이성훈 하영태 정성운 외) 초대설법(~ 2005.12.) 철오선사 어록(~ 2002.12. 김지수)
	주요 특집		선지식(1월) 생활 속의 화두(3월) 행복은 어디에서 오는가(4월) 무소유(6월) 채식(7월) 주5일 근무(8월) 마음의 때(10월) 마지막으로 남는 것(12월)

2003	주요 연재		서양의 불교(~ 2005 진우기) 깨달음의 두레박(~ 2011.12. 배종훈) 살며 생각하며(~ 2003.12. 서광)
	주요 특집		가볍게 사는 법(2월) 이번 생의 나의 일(3월) 화를 다스리는 법(5월) 법을 전하는 기쁨(6월) 영가와 천도(8월) 수희공덕(11월) 죽음에 대한 준비(12월)

2004	주요 일지	3월	지홍 스님 발행인 취임
		10월	창간 30주년 기념 '고승초청대법회' 및 '수행법 특별강좌'
	주요 연재		다시 뵙고 싶은 큰스님(~ 2006.12. 경허 수월 용성 외) 영어로 배우는 불교(~ 2007.12. 서광 김영로) 집짓기 두레(~ 2004.12. 이상삼) 우승택의 행복경제(~ 2007.12.) 영어로 배우는 불교(서광)
	주요 특집		불광 30주년 연속기획-1인 1수행법 갖기 기도(2월) 계율(3월) 절(4월) 염불(5월) 진언(6월) 간경(7월) 사경(8월) 위빠사나(9월) 참선(10월) 보현행원(11월) 생활 속의 불교수행(12월)

2005	주요 일지	5월	한글 제호 사용, 판형 확대(가로 15cm×세로 21cm) 전국연꽃문화제 도서 후원 및 우수상 수여(~ 현재)
		8월	문화관광부 '우수잡지' 선정
		12월	지홍 스님, 조계종 포교사단 감사패 수상
	주요 연재		망양거사의 섬기행(~ 2005.12. 이봉수) 마음의 문을 열고(~ 2006.12. 지홍) 용타 스님의 생활 속의 수행 이야기(~ 2007.12.) 불국토 순례기(~ 2007.12. 몽골 무스탕 미얀마) 진월 스님의 원각경 강의(~ 2005.12.) 생활 속의 불교용어(~ 2008.12.) 이미령의 반가워요, 불교!(~ 2007)
	주요 특집		수행이 첫걸음(1월) 마장(3월) 스승(4월) 생활 속의 안거(7월) 원력(9월) 전법(10월) 불광에 바란다(11월) 나눔(12월)

2006	주요 연재		디카로 본 부처님(~ 2007) 오대산 노스님의 인과법문(~ 2007 정원규) 선가귀감 강설(~ 2007.12. 지묵) 천수경 강의(~ 2007.12. 석우) 살며 생각하며(~ 2007.12. 법일) 이미령의 반가워요, 불교!(~ 2007.12.) 불교기공(~ 2007.12. 사회수)
	주요 특집		발원(1월) 바쁜 일상 중의 불교수행(4월) 일과 수행(6월) 몸과 마음의 건강관리(8월) 불교가 희망이다(11월)

2007	주요 일지	2월	류지호 주간 부임
		3월	월간「불광」, 한림대 성심병원 감사패 수상
		9월	격월간「공감플러스」발행
	주요 연재		테마가 있는 사찰 기행(~ 2008.12.) 세계의 선지식들(~ 2007.12. 김성우) 정무 스님의 생로병사(~ 2007.12.) 나의 도반 이야기(~ 2007.12. 주경) 적문 스님의 사찰음식 이야기(~ 2007) 불교영화 산책(~ 2007.12. 정미숙) 기초튼튼, 불교교리 한 토막(~ 2010.12. 목경찬) 약보다 나은 우리 먹거리(~ 2008.12. 김현정)
	주요 특집		33주년 연속 기획특집-마음공부이야기 욕심(1월) 화(2월) 집착(3월) 게으름(4월) 애욕 다스리기(7월) 외로움 바라보기(10월) 자비심 일깨우기(11월)

2008	주요 일지	2월	통권 400호 발행 및 기념행사
		5월	서울국제도서전 참가
	주요 연재		오아시스 실크로드를 가다(~ 2008.12. 문윤정) 금강 스님이 들려주는 절집 이야기(~ 2009.12.) 선어유희(~ 2010 원철) 경전의 바다(~ 2008.12. 김호귀) 불교와 과학(~ 2009 이시우 서광) 불교 문화재(~ 2008.12. 선오) 마음으로 떠나는 산사기행(~ 2009.12. 이진영) 자기계발과 선(~ 2009.12. 김성우)
	주요 특집	2월	불교 출판·잡지의 흐름과 나아갈 방향
		3월	한반도 대운하! 희망인가, 재앙인가
		5월	연등축제
		6월	티베트 독립운동과 베이징 올림픽
		9월	경제성장과 인간다운 삶
		10월	종교편향과 한국불교의 위상

2009	주요 일지	2월	『광덕 전집』 발간
		7월	지홍 스님, 불교출판문화협회 제3대 회장(~ 2023)
		10월	서울 종로로 사무실 이전
	주요 연재		만남, 인터뷰(~ 2019.12. 취재기사)
			거사와 부인이 함께 읽는 불경이야기(~ 2019.12. 고영섭)
			흠모(~ 2010.12. 박연진)
			세계의 불교성지(~ 2009.12. 구광국)
			신앙과 미술(~ 2009.12. 유근자)
			길에서 만난 문화재(~ 2011 하지권)
			김춘식의 행복한 시 읽기(~ 2010.12.)
			시병일기(~ 2010.12. 김기협)
	주요 특집	2월	욕망의 육식이냐, 절제의 채식이냐
		4월	초기불교의 확산
		6월	불자들의 뇌가 더 행복하다
		9월	지리산 야단법석
		12월	불교단체 탐방-정토회

2010	주요 일지	5월	홈페이지 개편, 과월호 업로드
		11월	발행인 지홍 스님, 제45호 잡지의 날 문화체육관광부 장관 표창
	주요 연재		우리가 반드시 알아야 할 부처님의 참모습(~ 2013 자현)
			삶, 선과 함께 이러구러(~ 2011.12. 장영섭)
			미국에서 들려오는 풍경소리(~ 2010.12. 지광)
			법상 스님께 묻습니다(~ 2011.12.)
			정목 스님이 들려주는 마음 고요 발원문(~ 2010.12.)
	주요 특집		낙동강을 거닐다(2월) 불교와 심리학의 만남(6월)
			간화선 국제학술대회(9월) 10·27 법난, 그후 30년(10월)
			도심포교의 새로운 방향(11월)

2011	주요 일지	5월	문화체육관광부 '우수콘텐츠 잡지' 선정
			유튜브 채널 개설
	주요 연재		김정호 교수의 행복 심리학(~ 2012.12.)
			서양 나라 젠(Zen) 풍경(~ 2011.12. 안희경)
			상징과 문양(유근자)
			알쏭달쏭 불교생활탐구(~ 2012.12. 지안)
			문학 속에 비친 산사(~ 2011.12. 임종선)
	주요 특집	2월	변화와 쇄신의 길목에 선 한국불교
		3월	한국사회의 새로운 트렌드, 명상
		5월	간화선과 위빠사나의 역사적인 만남
		6월	고려대장경 천년, 지혜로 나투다
		8월	커피 vs 차, 당신의 선택은

2012	주요 일지	1월	판형 확대(17.1cm × 세로 24.8cm), 모든 지면 컬러화
		10월	월간 「불광」·불광출판사, 제10회 대원상 포교대상 수상
	주요 연재		강원일기 (~ 2012.12. 진광)
			한국인의 차 (~ 2012.12. 지허)
			Art & Heart (~ 2015.12. 이기향)
			고전산책 (~ 2015.12. 이미령)
			사색의 뜰 (~ 2015.12. 이진경 이기화 외)
			법인 스님의 병 주고 약 주기 (~ 2012.12.)
			불교, 명쾌하고 자유롭게 (~ 2012.12. 김성철)
			인연따라 마음따라 (~ 2012.12. 혜민)
	주요 특집	1월	불교, 옷고름을 고쳐 메다
		2월	생명의 속삭임, 사찰음식
		4월	성보박물관, 보물을 드러내다
		6월	길 그리고 걷기
		8월	음악, 불교를 노래하다
		9월	나를 깨우는 환희심, 순례
		12월	깨달음의 미학, 불교미술

2013	주요 일지	2월	문화체육관광부 '우수콘텐츠 잡지' 선정
		3월	'불교박람회' 불교신문사와 공동 주최 (~ 2023년)
	주요 연재		사찰불화기행 (~ 2014 강소연)
			월호 스님의 힐링 선 (~ 2013.12.)
			전통 먹거리의 장인을 찾아서 (~ 2014 정두철)
			청안 스님의 헝가리에서 보내온 편지 (~ 2013.12.)
			'은유와 마음' 스토리텔링 (~ 2014 명법)
			세계 속의 한국불교 (~ 2013.12. 조성택)
			소박한 밥상 사찰음식 (~ 2014)
	주요 특집	1월	책!
		2월	위풍당당 전통문화
		4월	운동하라, 행복이 응답하리라
		6월	땅땅거리며 사는 귀농·귀촌
		8월	단식, 잘 굶어야 잘 산다
		9월	협동조합, 여럿이 함께 주인으로 산다
		12월	그대, 죽음을 허하라

2014	주요 일지	3월	계간 「템플스테이」 제작 (한글, 영어)
		11월	창간 40주년, 『월간 불광 40년, 그 아름다운 기록』 발간
	주요 연재		묵향 속의 선지식 (~ 2014.12. 안길상)
			바닷가 그 절 (~ 2014.12. 승한)
			밤하늘을 나는 낮새 (~ 2015 원영)
			생명살림 민족 생활의학 (2014 장두석)
			신화의 길, 깨달음의 길 (2014 유응오)
	주요 특집	3월	법회, 그대 마음 쉬어지고 밝아지리
		6월	불교, 세상에서 나누며 노닐다
		11월	창간 40년, 빛을 따라 걸어온 전법의 길
		연중	인물열전(7~12월)

2015	주요 일지	10월	중국 '샤먼국제불사용품 전람회' 한국관 참여
		11월	윤정안 팀장, 잡지의 날 '제49회 한국잡지언론상' 수상
	주요 연재		금강 스님의 선담 (~ 2016.12.) 불교를 만나다 (~ 2017 장휘옥 김사업) 중론에게 길을 묻다 (~ 2016.12. 법인) 이 음식이 어디에서 왔는가 (~ 2016.12. 박찬일) 현대미술과 선 (~ 2015.12. 윤양호) 히말라야에서 듣다 (~ 2015.12. 만우) 마음주치의 (~ 2015.12. 장용철 구병수) 황주리 작가의 붓다의 마음 (~ 2017.12.)
	주요 특집	연중	지금 다시, 바라밀 보시(1월) 지계(2월) 인욕(3월) 정진(4월) 선정(5월) 반야(6월)
		7월	가난과 부, 어떻게 마음을 내야하는가
		8월	불교, 통일을 시뮬레이션하다
		10월	100세 노인, 출가하다

2016	주요 일지	1월	불광출판사, '주식회사 불광미디어'로 법인 전환
			발행인 지홍 스님, 편집인 겸 대표이사 류지호
		2월	문화체육관광부 '우수콘텐츠 잡지' 선정
			모바일 홈페이지 오픈
		4월	500호 기념 학술세미나
		5월	500호 기념 전시회-불광, 찬란한 부처님의 빛
			500호 기념 후원의 밤(세종문화회관)
		6월	500호 기념 '붓다 빅 퀘스천' 개최
		10월	김명환 부장, 제30회 책의 날 '한국출판공로상' 수상
		11월	허성국 국장, 잡지의 날 '제50회 한국잡지언론상' 수상
	주요 연재		이광이의 절집방랑기 (~ 2017.12.) 윤구병의 평화모니 (~ 2017.2.) 이언오의 팔정도경영 (~ 2017.12.) 최원형의 생태, 너머 (~ 2016.12.) 전현수 박사의 불교정신치료 워크숍 강의 (~ 2017) 스님의 신신당부 (~ 2016.12. 심산)
	주요 특집	2월	만화, 불교를 다시 그리다
		4월	세계명상대전
		6월	500호 특집-불광, 찬란한 부처님의 빛
		8월	달라이 라마, 평화와 공존을 말하다
		10월	깨달은 자의 삶과 수행, 효봉

2017	주요 일지	2월	문화체육관광부 '우수콘텐츠 잡지' 선정
		7월	홈페이지 '큐레이션 미디어 페이지'로 개편
	주요 연재		사찰벽화이야기(~2018.12. 강호진)
			화두, 마음을 사르는 칼(~2018.12. 박재현 이은영)
			『입보살행론』과 함께 머물러보기(~2018.12. 재마)
			부처님과 함께 한 식물 그리고 동물들(~2018.12. 심재관)
			서주 스님의 계초심학인문(~2017.12.)
			다시 쓰는 불교개론(~2019.12. 장휘옥 김사업)
	주요 특집	3월	불교가 동물을 생각합니다
		4월	우리동네 불교대학 명강의
		5월	세상을 바꾼 현대의 불교 철인들
		9월	불교와 미니멀리즘
2018	주요 일지	9월	불광미디어·월간「불광」 콘텐츠, '네이버' 및 '다음'과 검색 제휴
	주요 연재		길 위의 부처, 마애불(~2018.12. 이성도)
			우리가 미처 몰랐던 10대 제자 이야기(~2019 이미령)
			상상붓다(~2021.12. 마인드디자인)
			그림으로 읽는 불교 상징(~2018.12. 김나래)
			붓다의 삶에서 뽑은 명장면(~2018.12. 성재헌)
			불교철학강의실 357호(~2018.12. 홍창성)
	주요 특집	1월	출가, 자유를 경험하다
		2월	불교 속 작은 공동체
		3월	불교, 영화를 만나다
		6월	명상 이노베이션
		9월	이제 거사의 시대를 열다
		11월	한국불교의 미래, 어린이 포교
		12월	미디어 혁명 시대의 불광미디어, 무엇을 할 것인가
2019	주요 일지	2월	문화체육관광부 '우수콘텐츠 잡지' 선정
		11월	류지호 대표, 제54회 잡지의 날 '문화체육관광부 표창'
	주요 연재		이갑철 사진 속 불교(~2019.12.)
			강우방 에세이(~2020)
			김근택 에세이(~2020.12.)
			일묵 스님의 화 다스리기(~2019.12.)
			지리산 암자의 숨은 수좌들(~2019.12. 도현 이광이)
			절에 사는 동물 이야기(~2019.12.)
			우리가 몰랐던 10대 제자 이야기(~2019.10. 이미령)
	주요 특집	1월	소확행
		2월	과학이 바라본 명상
		3월	만해를 다시 보다
		4월	세계 불교 흐름을 바꾼 티베트 불교
		6월	스마트한 시대를 살아가는 현대인을 위한 조금 특별한 지혜
		9월	여행의 의미
		11월	창간 45주년, 다시보는 월간「불광」

2020	주요 일지	2월	문화체육관광부 '우수콘텐츠 잡지' 선정
		10월	양동민 상무, '제50회 한국출판공로상' 수상
	주요 연재		슬기로운 불교 생활(~ 2020.12. 원제) 붓다의 신화(~ 2022.12. 동명) 직지로 만나는 선지식(~ 2020.12. 범준) 산스크리트로 배우는 불교(~ 2020.12. 전순환) 영화로 만나는 불교(~ 2012.12. 김천)
	주요 특집	4월	열려라, Six-Sense
		5월	그대가 주인공입니다
		6월	코로나19 그후, 우리
		9월	산, 일주문에 들다
		10월	붓다 빅 퀘스천
		11월	가을·까페·붓다

2021	주요 일지	1월	'원 테마(One Thema)' 중심 잡지로 리뉴얼
		2월	문화체육관광부 '우수콘텐츠 잡지' 선정
	주요 연재		붓다의 인생상담(~ 2022.12. 임인구) 건강한 혼밥 한 그릇(~ 2021.12. 법송) 트랜스휴머니즘과 불국정토(~ 2022.12. 이상헌) 인공지능 넘어 영성으로(~ 2021.12. 킴킴) 강의를 많이 하다보니 저절로 알아지는 것들(~ 2022.12. 백승권) 길이 닿는 암자(~ 2021.12. 유동영)
	원 테마 주제		적멸보궁(1월) 싯다르타(2월) 명당(3월) 전지적 철학시점(4월) 미륵(5월) 연등회(6월) 백제불교(7월) 추사 김정희(8월) 나한(9월) 관음(10월) 조선개국과 불교(11월) 산신(12월)

2022	주요 연재		도심한거(~ 2022.12. 석두) 그림 속에서 찾은 사성제 이야기(~ 현재, 보일) 농사를 짓습니다(~ 2022.12. 윤남진) 근현대 스님 되돌아보기(~ 현재, 효신.)
	원 테마 주제		지리산(1월) 지장(2월) 모던걸(3월) 칼을 든 스님(4월) 경주 남산(5월) 김홍도(6월) 템플스테이(7월) 북두칠성(8월) 강화도(9월) 팔만대장경(10월) 나무아미타불(11월) 팔공산(12월)

2023	주요 일지	2월	문화체육관광부 '우수콘텐츠 잡지' 선정
	주요 연재		히말라야의 바람소리(~ 2023.12. 김규현) 마음속에 담아 둔 절(~ 2023.12. 노승대)
	원 테마 주제		실상사(1월) 입춘, 삼재 그리고 부적(2월) 제주도(3월) 비슬산(4월) 산사에서 차차차(5월) 반가사유상(6월) 강릉 삼척(7월) 아귀(8월) 조선의 B급 스님들(9월) 아도와 구미선산(10월) 금강역사(11월) 반야용선(12월)

2024	주요 일지	2월	문화체육관광부 '우수콘텐츠 잡지' 선정
		10월	600호 기념호 발행
		11월	창간 50주년 사진집 '찰나의 빛, 영겁의 시간' 발간 창간 50주년 기념식
	주요 연재		지나온 50년, 나아갈 100년(2024) 다시 보는 불광(2024)
	원 테마 주제		사찰에 용이 나르샤(1월) 무등산(2월) 십우도(3월) 광개토왕(4월) 붓다의 가족(5월) 저승사자(6월) 미황사(7월) 거울(8월) 화엄사(9월) 불경의 발견(10월) 찰나의 빛, 영겁의 시간(11월) 김시습(12월)

1975		육조단경	혜능/ 광덕 역
1977		선종영가집	영가현각/ 혜업 편역
1978	3월	지장보살경	광덕 역
	9월	보현성전	광덕
	10월	부모은중송	광덕 역
1981	11월	선관책진	운서주굉/ 광덕 역
		생의 의문에서 그 해결까지	광덕
1982	3월	나무 석가모니불	반영규
	9월	천수관음경	광덕 엮음
1983	3월	법회요전	광덕
1985	5월	365일 부처님과 함께	김재영
1986	11월	불광 연화의식문	광덕 엮음
1987	1월	교양불교	우정상
	3월	반야심경 강의	광덕
1988	4월	불교우화 백유경	상가세나
1989	12월	현대인의 정신건강	이동식
1990	4월	부처님이 좋아요	이정문
	8월	부처님의 생애	박경훈
	9월	행복의 법칙	광덕
	11월	경전의 세계	불광교학부 엮음
		마하뜨마간디철학연구	김선근
		메아리 없는 골짜기	광덕
		베단따철학	김선근
	12월	삼국시대 불교신앙 연구	김영태
1991	1월	죽창수필	운서주굉/ 연관 역
	2월	아함의 중도체계	이중표
	3월	지송보현행원품	광덕
	6월	목불을 태워 사리나 얻어볼까	이재운
		보현행원품 강의	광덕
	7월	직장인의 신앙생활	한탑
	11월	두메산골 앉은뱅이의 기원	이남덕
		만선동귀집	일장
	12월	나룻배와 행인	동봉
		불자수행일과요전	광덕 역

1992	1월	새벽하늘에 향 하나를 피우고	남지심
		육조 혜능대사	김충호
	2월	불자예절과 의식	김길원
	4월	바람이 움직이는가 깃발이 움직이는가	송석구
	5월	꽃을 드니 미소짓다	동욱
		진묵대사	백운
		환생	한국티베트불교교류협회
	6월	금강경오가해	무비 역
	7월	대품 마하반야바라밀경 - 상·하	혜담지상 역
		만법과 짝하지 않는 자	광덕
		장자철학정해	김항배
	10월	불교 임상심리학	오까노 모리야
		하산 그 다음 이야기	권경술
	11월	연꽃의 사연	이병주
		유식학 입문	오형근
	12월	사막을 건너는 사람은 별을 사랑해야 한다	이재운
1993	2월	고려밀교사상사연구	서윤길
		붓다의 메아리	강건기
	4월	나는 빛이요, 불멸이라	김재영
		위빠싸나 1·2	김열권 엮음
		유식학 강의	방윤
		이 기쁜 만남	김재영
		현대인과 노이로제	이동식
	5월	불교교리강좌	해주
	6월	부설거사	백운
		불교상담심리학 입문	서광
		영겁의 미소	안장헌
	7월	원시근본불교철학의 현대적 이해	칼루파하나
		인도와 네팔의 불교성지	정각
		티벳	홍순태 지음
	8월	고봉화상선요어록	고봉/ 통광 역
		이판사판 야단법석	안길모
	9월	밀교경전 성립사론	송장유경
		선문단련설	회산계현
	10월	양치는 성자 - 상·하	백운
	11월	선의 그림 선의 시: 遊	김남희
		원시불교 원전의 이해	최봉수
		한국불가 시문학사론	이종찬

1994	1월	한국밀교사상사연구	서윤길
	2월	울고 싶을 때 울어라	전현수
	3월	구사론대강	전명성 역
		달을 보는 섬	정운
		부처님이 최고야	이정문
		팔리경전이 들려주는 고타마 붓다	최봉수 역
		팔리경전이 들려주는 불교의 진리	최봉수 역
		행복은 어디에서 오는가	도체부부
		구름위의 연꽃나라	이민진
	4월	걸망도 내려놓고 마음도 내려놓고	지원
		법요집	편집부
		산에 와서 살 때가 더 좋다더니	진관
		우리말 축원문	광덕
	6월	나눔 그 기쁨	이용교
		중년 여성 이야기	이근후
	7월	어린이 불교학교 지침서	성일
		하얀무지개	이슬기
	8월	홍문화박사의 건강 장수법	홍문화
	12월	건강을 이야기 합시다	홍문화
		그냥 바라만 볼 뿐이다	Willian Hart
		금강경 강의	무비스님
1995	1월	선과 일본문화	야나기다 세이잔
	3월	무소의 뿔처럼 - 상	김재영
	4월	또 다른 이름되어	정운
		무소의 뿔처럼 - 하	김재영
		사람의 향기	정운
		연꽃 한송이	석성우
	5월	부처님 우리들의 부처님	이정문
	7월	슈퍼 두뇌 개발법	박희선
		지장기도집	광덕 엮음
	10월	밀교학 입문	B.밧따짜리야
		오세동자의 오도	백운스님
		중론송 연구	김인덕
	11월	팔리경전이 들려주는 업과 윤회	최봉수
1996	1월	초의 다선집	초의
	2월	광덕 스님 명상언어집 - 전4권	광덕
		선의 정신의학	김종해
	8월	불전설화와 유아교육	대원
		신도포교지침서 - 상	오성일
		금강반야바라밀경 사경	서광
	9월	중국화엄사상사연구	계환
	10월	친구여 우리 붓다가 되자	김호철
	11월	두 문을 동시에 투과한다	박영재

1997	1월	근본불교의 가르침	김정빈
		화엄경 강의	무비
	2월	반야불교신행론	혜담지상
	3월	부처님께 다가서는 법사의 고백	목정배
	7월	각해일륜	백용성
	8월	히말라야의 수행자들	석혜진
		위빠사나 열두 선사	잭 콘필드
	11월	극락세계 1	공파 역
1998	4월	극락세계 2·3	공파 역
	7월	그냥 갈 수 없는 길	이도원
	8월	한글 세대를 위한 독송용 금강경	조현춘 역
	9월	현대인과 스트레스	이동식
	10월	신도포교지침서 - 하	오성일
	11월	보살사상 성립사 연구	이봉순
1999	1월	금강반야바라밀경	광덕 엮음
	2월	근본불교윤리	사다티사/조용길 역
		그대 그대 자신으로	정운
	3월	평상심이 도라 이르지 말라	용성
	4월	화엄경 백일법문	장산
	5월	아직도 그곳엔 희망이 있더라	정운
		님은 나를 사랑하시어	이종린
		백사백경	박희진
		자비의 수화교실	방해성
	6월	진흙 속에 피는 연꽃	이슬기
		여인성불	운허용하 엮음
		산이 다하고 물이 다한곳에	박태화
	8월	여든 살의 연꽃 한 송이	이남덕
		초보자를 위한 화두참선 수행기	조정연
2000	3월	마하반야바라밀다심경사경	편집부
	4월	위빠사나 성자 아짠문	아짠 마하 부와/김열권 역
	6월	화두 놓고 염불하세	인광대사/ 김지수 역
		청소년을 위한 명상 이야기	최시선
		5박 6일 명상체험기	김남선
		광덕 스님의 생애와 불광운동	김재영 엮음
	7월	연꽃들의 모임	불광어린이협회 엮음
	8월	단박에 윤회를 끊는 가르침	김지수 역
	10월	운명을 뛰어 넘는 길	원황/ 김지수 역
		수행의 본질과 화두	벽공
	12월	청소년 포교 지침서	성일

2001	1월	유마경대강론	김기추
		팔허집	팔허선사/ 최병식 역
	2월	생활 수행 이야기	법상
	4월	무비 스님 지장경 강의	무비
	7월	지장보살 영험록	김종매 외
	9월	금강경 역해	각묵
	10월	세간속에서 해탈 이루리	이종린
	11월	현대관음기도 영험록	성일
2002	3월	마음의 치료	서광
		고통을 모으러 다니는 나그네	석법장
	5월	일본 중세 불교 설화	압장명/ 류희승 역
	8월	바로 이번 생에	우빤디따
		미오지간	성운대사
	10월	지장경	광덕
	11월	사람이 부처님이다	무비
	12월	한영 불교사전	서광
		환자를 위한 불교 기도집	능행 편저
2003	2월	실천 보현행원	이종린
	3월	법화경 - 상	무비
	4월	현대심리학으로 풀어본 유식 30송	서광
	5월	위빠사나 수행	사야도우자나카
	6월	법화경 - 하	무비
	10월	탄허강설집	탄허장학회 엮음
2004	3월	불교신행공덕	마성
	5월	세상에서 제일 행복한 사람들의 이야기	성일 엮음
		지송한글화엄경	전해주
	10월	생명은 밝은 데서 성장한다	광덕
	12월	현대심리학으로 풀어본 대승기신론 (2005 '올해의 불서 10' 선정)	서광
		한강의 물을 한 입에 다 마셔라	혜담지상
2005	1월	우리말 법회요전	광덕 엮음
	3월	마음공부 이야기	법상
	5월	선가귀감	청허휴정/ 일장 역
		좌선삼매경	구마라집/ 자웅 역
	8월	의심 끊고 염불하세	김지수
		선어록산책	최현각 엮음
	12월	내 마음의 복전	신화규 외

2006	1월	오대산 노스님의 인과 이야기	과경 엮음/ 정원규 역
	2월	지송 금강경	편집부
	4월	진흙소가 물위를 걸어간다	무비
		경전과 함께 보는 붓다의 발자취	이상규
	7월	소를 타고 소를 찾는구나	무비 엮음
	8월	현대 물리학으로 풀어본 반야심경	김성구 외
		방거사 어록 강설	혜담지상
	9월	운명을 바꾸는 법	정공 강설/ 이기화 역
	11월	무쇠소는 사자후를 두려워하지 않는다	무비
	12월	대승찬 강설	무비
		대승지관 법문	남악혜사/ 원경 역
2007	2월	서장	대혜종고
		샨티데바의 행복수업(2007 '올해의 불서 10' 선정)	샨티데바/ 김영로 역
	4월	오대산 노스님의 그 다음 이야기	과경 엮음/ 정원규 역
	5월	그리운 아버지의 술 냄새	이미령
		주역선해	지욱/ 박태섭 역
	7월	고마워요 자비명상	마가 이주영
	8월	붓다의 호흡법 아나빠나삿띠	붓다다사/ 김열권 이승훈 역
	10월	소를 때려야 하는가 수레를 때려야 하는가	무비 스님
		무비 스님이 가려뽑은 명구 100선 - 전4권	무비 스님
	12월	왜 나무아미타불인가	우익지욱/ J. C. Cleary 영역, 이기화 옮김
2008	2월	마음이 바뀌면 세상이 바뀐다	광덕
		당신이 주인공 입니다(2008 '우수교양도서' 선정)	월호
	4월	빛의 목소리	광덕
		나도 때론 울고 싶다	주경
	5월	행복해지는 습관	정무/ 사기순 엮음
		10분 해탈	용타
	6월	부모은중경·관음경	광덕 역
	7월	도정신치료 입문(2009 '우수학술도서' 선정)	이동식
		염불, 모든 것을 이루는 힘	원영필오/ 정원규 편역
	8월	증도가 언기주	영가현각/ 제월통광 역
		그물코 인생, 그물코 사랑(2008 '올해의 불서 10' 선정)	도법
	9월	禪에서 본 般若心經	현봉 역
		샤라쿠 김홍도의 비밀	백금남
	11월	법화경 강의 - 상·하	무비
	12월	체험으로 읽는 티벳 사자의 서	강선희
		고려 말 선시의 미학(2009 '우수학술도서' 선정)	이종군

2009	1월	조아질라고	법일
		지혜의 샘	쿠루네고다 피야티싸/ 이추경 역
	2월	광덕 스님 전집 - 전10권	편찬위원회 엮음
		무문관	무문혜개/ 광덕 역주
		지혜가 쑥쑥 자라는 명상동화 20	다르마차리 나가라자/ 임희근 역
	3월	문 안의 수행 문 밖의 수행	월호
	4월	오감만족 연등축제	조계종 행사기획단 엮음
		길 위의 절(2009 '우수교양도서' 선정)	장영섭
	5월	부처님과 만나요	동련동화구연회
		나는 이렇게 살고 싶었다	정락
	6월	지리산 스님들의 못 말리는 수행 이야기 (2009 '우수교양도서', '올해의 불서 10', '올해의 청소년 도서' 선정)	천진/ 현현 엮음
		너는 또 다른 나	현봉
		지금 그것이 어디에 가 있나요? (2009 '우수교양도서' 선정)	곽은구
		교감 대승사론현의기	혜균/ 최연식 엮음
	7월	일곱 번의 작별 인사	무비
		스님, 불 들어갑니다	임윤수
		선화 상인 능엄신주 법문	선화상인/ 정원규 역
	8월	불교 초보 탈출 100문 100답	김성철
	9월	수행자는 청소부입니다(2010 '우수교양도서' 선정)	정호
	10월	마음 vs 뇌	장현갑
		나 홀로 명상	김승석
		행복을 창조하는 기도	혜담 엮음
	11월	티베트 밀교의 명상법	게세 소남 갈첸 곤다/ 석혜능 역
	12월	자기계발을 위한 15분 명상	호우사이 아리나/ 이필원 역
		깨달음과 역사	현응

2010	1월	Korean Buddhism	한국불교종단협의회 엮음
		땅끝마을 아름다운 절	금강
		자비의 샘	쿠루네고다 피야티싸/ 이추경 역
	2월	한영 보현행자의 서원	광덕/ 김영로 역
		기억에 남는 명법문	성수
		김영로의 행복수업	김영로
		역주 차제선문(2011 '우수학술도서' 선정)	천태지의/ 최기표 역
	3월	불교미술의 해학(2010 '불교출판문화상 대상' 수상)	권중서
	4월	티베트 밀교 개론	다나카 기미아키/ 유기천 역
		화가 났어요	게일 실버/ 문태준 역
		Lotus Lantern Festival	조계종 행사기획단 엮음
	5월	날줄 원각경	우승택
		마음 치료 이야기	전현수
		지리산 스님들의 못 말리는 행복 이야기	천진/ 현현 엮음
	6월	불교, 동아시아를 만나다	석길암
	7월	스트레스는 나의 힘	장현갑
		히말라야, 내가 작아지는 즐거움	법상
		싯다르타의 꿈, 세상을 바꾸다	백승권/ 김규현 그림
	8월	붓다 브레인	릭 핸슨 & 리처드 멘디우스/ 장현갑 장주영 역
		심리치료와 불교	안도 오사무/ 인경·이필원 역
	9월	즉사이진, 매사에 진실하라	법계명성
		꽃의 웃음처럼, 새의 눈물처럼	법계명성
		후박꽃 향기	서광
	10월	왕오천축국전	혜초/ 지안 역
		번뇌 리셋	코이케 류노스케/ 이혜연 역
		무비 스님 新 금강경강의	무비
	11월	선방일기	지허/ 견동한 그림
	12월	체험하며 따라가는 명상 네비	강선희
		불교경전은 어떻게 전해졌을까	권탄준 외
		Diary of a Korean Zen Monk	지허/ Jong Kweon Yi & Frank Tedesco 역
		근대 중국의 고승(2011 '우수학술도서' 선정)	김영진

2011	1월	사랑할 시간은 그리 많지 않다	고산 외 17인
		내 인생의 멘토 붓다	이중석
		대장경, 천 년의 지혜를 담은 그릇 (2011 '우수교양도서', '불교출판문화상 대상' 선정)	오윤희
	2월	유교경 연구	진수정원/ 운서주굉·효관 편역
	3월	부처님과 제자들은 어떻게 살았을까	원영
		행복의 샘	쿠루네고다 피야티싸/ 이추경 역
	4월	호호야, 그게 정말이야?	바이런 케이티/ 한스 빌헬름 그림, 고정욱 역
		선관책진; 선의 관문을 뚫다	운서주굉/ 연관 역
		마음챙김 명상 멘토링 (2011 '올해의 청소년 도서', '우수교양도서' 선정)	김정호
		반야심경	현봉
		그대 삶이 경전이다	무각
		주문을 걸어 봐!	루이스 L. 헤이 외/ 마누엘라 슈위츠 그림, 고정욱 역
	5월	한지 전통등	전영일
		선재 스님의 이야기로 버무린 사찰음식	선재
	6월	한국인이 가장 좋아하는 경전 구절	이진영
		나를 치유하는 산사기행(2013 '우수교양도서' 선정)	승한
	7월	직지강설 상·하(2012 '우수학술도서' 선정)	무비
		상용어 지명 사전	박호석 엮음
	9월	산승불회	유철주, 조계종 총무원
		꽃향기도 훔치지 말라	중산혜남
	10월	나를 치유하는 마음 여행	서광
		망설일 것 없네 당장 부처로 살게나	도범
		처음 만나는 명상 레슨	잭 콘필드/ 추선희 역
		공양 올리는 마음	혜총
		화해(2012 '진중문고' 선정)	틱낫한/ 진우기 역
		韓國の佛教	한국불교종단협의회 엮음
	12월	당신은 부처님	무비
		천천히 걷다보면	게일 실버/ 문태준 역, 크리스틴 크뢰머 그림
		6 Ways to the Heart	성재헌/ 홍희연 역

2012	1월	법정, 나를 물들이다	변택주
		한 권으로 보는 세계불교사	조계종 교육원 불학연구소 엮음
	2월	돈, 섹스, 전쟁 그리고 카르마	데이비드 로이/ 허우성 역
	3월	지혜가 있는 사람은 경계를 두려워하지 않는다	원산 외 14인
	4월	받아들임	타라 브랙/ 김선주·김정호 역
	5월	범망경 강설	석암문도회 편찬
		헤드스페이스	앤디 퍼디컴/ 윤상운 역
	6월	사찰의 상징세계 - 上·下 (2012 '우수교양도서' 선정)	자현
		마법의 가면	스테판 세르방/ 일리아 그린 그림, 이경혜 역
	7월	대만불교의 5가지 성공코드	불광연구원 편찬
		마음이 몸을 치료한다	데이비드 해밀턴/ 장현갑·김미옥 역
	8월	산사는 깊다 (2012 '올해의 불서 10' 선정)	지안
	9월	반야심경	한암대원
		이타적 인간의 뇌	에릭 호프만/ 장현갑 역
		일꾼 의천	오윤희
		능엄경 강설 - 上·下	선화상인/ 정원규 편역
	10월	생각 사용 설명서 (2013 '진중문고' 선정)	전현수
		자현 스님의 조금 특별한 불교 이야기	자현
		치유하는 불교 읽기	서광
	11월	존 카밧진의 처음 만나는 마음챙김 명상	존 카밧진/ 안희영 역
		힐링 에너지 공명	조이스 위틀리 호크스/ 이민정 역
		처음 만나는 심리학	사토 다쓰야 외/ 김경원 역
	12월	반야 참회	혜룡
		Encounter with the Beauty of Korean Buddhism	한국불교종단협의회 엮음
		나로부터 자유로워지는 즐거움	김정호

2013	1월	가슴이 부르는 만남	변택주
	2월	봄바람에 피지 않는 꽃이 있으랴	지유 외
		허공을 타파하여 마음을 밝히다	선화상인/ 정원규 편역
	4월	틱낫한 명상	틱낫한/ 이현주 역
	5월	불교동화 18	다르마차리 나가라자/ 이은숙 역
		대주선사어록 강설 - 上·下	대주혜해/ 한암대원 강설
	7월	조화로움	스티브 테일러/ 윤서인 역
	8월	8주, 나를 비우는 시간	마크 윌리엄스 외/ 안희영 외 역
		불안한 뇌와 웃으며 친구 하는 법	숀 T. 스미스/ 정여진 역
	9월	대승기신론 강해 (2013 '불교출판문화상' 대상, 2014 '우수학술도서' 선정)	한자경
	10월	어려울 때 힘이 되는 8가지 명상	잭 콘필드/ 정준영 역
	11월	알고 보면 괜찮은	마가
		붓다 한 말씀(2014 '세종도서' 선정)	이미령
	12월	The Timeless Wisdom of Korean Seon Master	윤청광/ 견동한 그림
2014	2월	삶에서 깨어나기	타라 브랙/ 윤서인 역
		어른의 공식	장엔/ 정이립 역
		빠알리어 직역 담마빠다	일아
		스무 살의 명상책	김정호
	3월	내게 와 부딪히는 바람도 사랑하라	지선 외 17명
		연기법으로 읽는 불교	목경찬
	4월	회색 아이	루이스 파레/ 구스티 그림, 남진희 역
		사람의 맨발(2014 '세종도서' 선정)	한승원
		단박에 윤회를 끊는 가르침	인광대사/ 김지수 역
		마음의 정원을 거닐다(2014 '세종도서' 선정)	지안
	5월	임제록 강설	무비
		붓다 순례(2014 '세종도서' 선정)	자현
		이것이 불교의 핵심이다	곽철환
	6월	석굴암, 법정에 서다 (2014 '불교출판문화상 우수상' 선정)	성낙주
	8월	두 글자로 깨치는 불교	가섭
		트라우마 사용설명서	마크 엡스타인/ 이성동 역
	9월	그저 인간이 되고 싶었다	홍일대사/ 전영숙 역
		불행하라 오로지 달마처럼	옹연
	10월	내가 나를 어떻게 도울 수 있을까	린다 그레이엄/ 윤서인 역
	11월	내 이름을 부르는 이 누구나 건너리	인광/ 정원규 역
		월간 불광 40년 그 아름다운 기록	편집부 엮음
		집으로 가는 길은 어디서라도 멀지 않다 (2015 '세종도서', '이달의 책' 선정)	원철

2015	1월	몰입이 시작이다	스티븐 스나이더 외 / 정준영 역
		천년을 이어온 빛 연등회	연등회보존위원회 엮음
	2월	성지에서 쓴 편지	호진·지안
		밥값 했는가	도원 외 18명
		숫따니빠따	일아 역
		생각 바꾸기	김정호
	3월	불교와의 첫 만남	불교교재편찬위원회
		검색의 시대, 사유의 회복	법인
		평화를 들려줄게 (2015 '세종도서' 선정)	웬디 엔더슨 홀퍼린 / 최성현 역
		에피소드 인도	자현
	4월	불설아미타경 소초	운서주굉 / 연관 역
	5월	채소 한 그릇	다카야마 나오미 / 장민주 역
		불자로 산다는 것 (2015 '세종도서', '불교출판문화상 우수상' 선정)	도일
	6월	마음에 대해 달리기가 말해 주는 것들	사쿙 미팜 / 강수희 역
		무아·윤회 문제의 연구	호진
	7월	고래가 그물에 걸렸어요 (2016 '행복한아침 추천도서' 선정)	로버트 버레이 / 웬델 마이너 그림, 이정모 역
		한 권으로 읽는 불교 고전 (2016 '청소년 교양도서' 선정)	곽철환
		조용헌의 휴휴명당	조용헌
	8월	부처님 말씀 그대로 행하니	선화상인 / 정원규 편역
		왜 세종은 불교 책을 읽었을까	오윤희
	9월	정신과 의사의 체험으로 보는 사마타와 위빠사나	전현수
		부처님의 부자 수업	윤성식
		두려움을 넘어 미소 짓기까지	초감 트룽파 / 신유나 역
	10월	기적의 명상 치료	비디아말라 버치, 대니 펜맨 / 김성훈 역
	11월	지금이라도 알아서 다행인 것들	원영 / 나윤찬 그림
		소크라테스, 붓다를 만나다	해리슨 J. 펨버턴 / 추미란 역
	12월	달라이 라마의 불교 강의	달라이 라마, 툽텐 최된 / 주민황 역
		스님의 공부법	자현 / 소복이 그림
		생각의 판을 뒤집어라	제니스 마투라노 / 안희영.김병전 역

2016	1월	기다린다는 것	와시다 기요카즈/ 김경원 역
		Yeon Deung Hoe	연등회보존위원회 엮음/ June Park 외 영역
	2월	한국인이 가장 좋아하는 선문답	장웅연
		발심수행장	공파
		선종영가집 강해 (2016 '세종도서', '올해의 불서 10' 선정)	한자경
	3월	생사의 근본에서 주인이 되라	허운대사/ 정원규 역
	4월	중독이 나를 힘들게 할 때	토마스 비엔, 비버리 비엔/ 이재석 역
		밀리의 판타스틱 모자 (2016 '좋은그림책' 선정)	기타무라 사토시/ 배주영 역
		인생과 싸우지 않는 지혜	곽철환
	5월	흘반난, 밥 먹기 어렵다	김진태/ 성류 그림
		미산 스님 초기경전 강의	미산
		무엇이 삶을 예술로 만드는가	프랑크 베르츠바흐/ 정지인 역
	6월	화엄경소론찬요 1·2	혜거 편저
	7월	틱낫한 기도의 힘	틱낫한/ 이현주 역
	8월	구조대의 SOS	댄 월리스/ 김성훈 역
		불교 페미니즘과 리더십	텐진 빠모 외 36인/ 샤카디타 코리아 역
	9월	명성	남지심
	10월	불법의 근본에서 세상을 바꿔라	태허/ 조환기 역
		Le bouddhisme coreen	한국불교종단협의회 엮음
		사찰불화 명작강의	강소연
	11월	붓다 아비담마	멤 틴 몬/ 김종수 역
		연꽃 향기로 오신 묘엄 스님 – 상	배종훈
		은유와 마음	명법
	12월	당신은 무엇을 먹고 사십니까 (2017 '세종도서' 선정)	선재
		나는 스타워즈에서 인생을 배웠다	매튜 보털런/ 추미란 역

2017	1월	한국 선불교의 원류 지공과 나옹 연구	자현
	2월	행원참법	덕진
		너는 이미 기적이다	틱낫한/ 이현주 역
		불설대승무량수장엄청정평등각경	하련거 회집/ 정원규 역
		현증장엄론 역주	범천
	3월	길과 꽃	김왕근
		소리 산책 (2017 '세종도서' 선정)	폴 쇼위스/ 알리키 브란덴베르크 그림, 문혜진 역
	4월	스님, 절밥은 왜 그리도 맛이 좋습니까 (2017 '세종도서' 선정)	박찬일
		물 흐르고 꽃은 피네	금강
		불교란 무엇인가	이중표
		부처님의 정치수업	윤성식
	5월	조선시대 불상의 복장기록 연구	유근자
		화엄경소론찬요 3·4	혜거 편저
	6월	Enlightenment and Histor : Theory and Praxis in Contemporary Buddhism	현응/ 홍창성 유선경 역
		8주 마음챙김(MBCT) 워크북	존 티즈데일 외/ 안희영 역
	7월	아름다운 인생은 얼굴에 남는다	원철
		당신이 행복입니다	월호
		통과통과	범일
	8월	니까야로 읽는 반야심경	이중표
		韓国的佛教	한국불교종단협의회 엮음
	9월	보현행원으로 보리 이루리	이종린
		심리학자의 인생 실험실	장현갑
		E형 인간	변광호
	11월	엘리트 명상	가와카미 젠류/ 유은경 역
	12월	스님의 논문법	자현
		선한 마음	달라이 라마/ 류시화 역
		인문학을 좋아하는 사람들을 위한 불교수업	김사업
		연꽃 향기로 오신 묘엄 스님 - 하	배종훈
		어느 날 고양이가 내게로 왔다	보경/ 권윤주 그림

2018	1월	전현수 박사의 불교정신치료 강의	전현수
		그대의 마음을 가져오라	혜담
		사경 화엄경보현행원품	편집부
		능엄경정맥소 - 전4권	교광진감/ 진명 역
		만다라 컬러링 100	편집부
	2월	불교음식학(2018 '세종도서' 선정)	공만식
		자비의 과학	데니스 터치 외/ 손정락 외 역
	3월	화두, 나를 부르는 소리	박재현
		걱정하면 지는 거고 설레면 이기는 겁니다	용정운
		꽃을 꺾어 집으로 돌아오다	한승원/ 김선두 그림
		아무것도 남기지 않기	아잔 브람/ 지나 역
		대승은 끝났다	시현
	4월	아인슈타인의 우주적 종교와 불교	김성구
		최강의 명상법	와타나베 아이코/ 황혜숙 역
		놀이터는 내 거야(2019 '아침독서 추천도서' 선정)	조세프 퀘플러/ 권이진 역
		1초의 여유가 멀티태스킹 8시간을 이긴다	라스무스 호가드 외/ 안희영 김병전 역
	5월	달라이 라마가 전하는 우리가 명상할 때 꼭 알아야 할 것들	달라이 라마/ 주영아 외 역
		화엄경소론찬요 5·6	혜거 편저
	6월	번뇌를 위한 자비는 없다	우 빤디따/ 윤승서 외 역
		호흡하세요 그리고 미소지으세요	타라 브랙/ 윤서인 역
		중론	가츠라 쇼류, 고시마 기요타카/ 배경아 역
	7월	무비 스님이 가려 뽑은 불교 명구 365 - 전2권	무비/ 양태숙 그림
		조용헌의 인생독법	조용헌
	8월	불교의 탄생(2019 '세종도서' 선정)	미야모토 케이이치/ 한상희 역
		붓다의 철학	이중표
	9월	이이화의 이야기 한국불교사	이이화
		상무주 가는 길	김홍희
	10월	마음챙김 놀이	수잔 카이저 그린랜드/ 이재석 역
		곰브리치의 불교 강의	리처드 곰브리치/ 송남주 역
		오늘, 담마빠다 한 구절	일아/ 김경연 그림
	11월	아침에 일어나면 꽃을 생각하라	달라이 라마/ 강성실 역
		불교사 100장면	자현
		선화 상인 법화경 강설 - 전2권	선화상인/ 정원규 편역
		새봄이의 연등회	김평/ 이광익 그림
		대승기신론 입문	목경찬
	12월	기쁨의 세포를 춤추게 하라(2019 '세종도서' 선정)	재마
		서장	대혜종고/ 청림지상 역
		Empty and Marvellous	무비/ 홍희연 역
		도해 금강경	구마라집/ 시칭시 엮음, 김진무 류화송 역

2019	1월	아비담마 종합 해설	아누룻다/ 김종수 역
		무슨 벽일까? (2019 '아침독서 추천도서', 2020 '라가치상' 선정)	존 에이지/ 권이진 역
		숲속에서	다나 폭스/ 이정민 역
	2월	일묵 스님이 들려주는 초기불교 윤회 이야기	일묵
		보리수 아래	데보라 흡킨슨/ 카일리 위트먼 그림, 김미선 역
		힘들 때 펴보라던 편지 (2019 '문학나눔' 선정)	최성현
		화엄경소론찬요 7·8·9	혜거 편저
		달라이 라마의 입보리행론 강의	달라이 라마/ 이종복 역
	3월	지금 이 순간이 나의 집입니다	틱낫한/ 이현주 역
		이이화의 명승열전	이이화
		존 카밧진의 왜 마음챙김 명상인가?	존 카밧진/ 엄성수 역
		왕생요집	겐신/ 김성순 역
	4월	명상이 뇌를 바꾼다	장현갑
		나의 반려동물도 나처럼 행복할까	데이비드 미치/ 추미란 역
	5월	정선 디가 니까야	이중표
		눈물만 보태어도 세상은 아름다워집니다	보각
	6월	미네소타주립대학 불교철학 강의 (2019 '세종도서' 선정)	홍창성
		마음챙김과 비폭력대화	오렌 제이 소퍼/ 김문주 역
		두려워하지 않는 힘	진우
	7월	부처님은 어디에서 누구에게 어떻게 가르치셨나	일아
	8월	마음챙김 확립 수행	아날라요 비구/ 김종수 역
		정념 스님이 오대산에서 보낸 편지	정념
		산스크리트 원전 완역 팔천송반야경	전순환 역
	9월	벼리는 불교가 궁금해 (2019 '올해의 불서 10', 2020 '아침독서 추천도서' 선정)	변택주/ 권용득 그림
		도해 운명을 바꾸는 법	석심전 엮음, 김진무·류화송 역
	10월	사찰에는 도깨비도 살고 삼신할미도 산다 (2020 '세종도서', '불교출판문화상 대상' 선정)	노승대
		숨만 잘 쉬어도 병원에 안 간다	패트릭 맥커운/ 조윤경 역
	11월	질문이 멈춰지면 스스로 답이 된다	원제
		스님의 라이프 스타일	원영
	12월	자네, 좌뇌한테 속았네!	크리스 나이바우어/ 김윤종 역
		법계명성 전집 – 전 20권	
		틱낫한 불교	틱낫한/ 권선아 역
		분노와 논쟁 사회에 던지는 붓다의 말	빅쿠 보디/ 전순환 역
		Stepping into the Buddha's Land	한국불교종단협의회

2020	1월	아디야산티의 가장 중요한 것	아디야산티/ 이창엽 역
	2월	수좌 적명	적명
		붓다의 연기법과 인공지능	조애너 메이시/ 이중표 역
	3월	마음챙김 긍정심리 훈련(MMPT) 워크북	김정호
		끌어안음	타라 브랙/ 추선희 역
		알아차림	대니얼 J. 시겔/ 윤승서·이지안 역
		사성제	일묵
	4월	내가 진짜 좋아하는 개 있어요? (2021 '아침독서 추천도서' 선정)	존 에이지/ 권이진 역
		인문학을 좋아하는 사람들을 위한 반야심경	야마나 테츠시/ 최성현 역
		정선 맛지마 니까야	이중표
	5월	마음이 아플 땐 불교심리학	잭 콘필드/ 이재석 역
		붓다가 깨달은 연기법	이중표
		고양이를 읽는 시간(2020 '문학나눔' 선정)	보경/ 권윤주 그림
		최상의 행복	원종
	6월	혜거 스님의 유식삼십송 강설	혜거
	7월	티베트 사자의 서	빠드마쌈바와/ 중암 역
		붓다, 중도로 살다	도법
		나는 귀신(2021 '아침독서 추천도서' 선정)	고정순
		깨달음이 뭐라고	고이데 요코/ 정현옥 역
	8월	중음에서 벗어나는 법	왕원/ 차혜정 역
		한국과 중국 선사들의 유교 중화 담론	문광
	9월	시대를 초월한 성자, 한암	자현
		명상에 대한 거의 모든 것	시오반니 딘스드민/ 시종민 역
		마음챙김에 대한 거의 모든 것	마이크 앤슬리/ 트라나 댈지엘 그림, 박지웅 역
		한 권으로 읽는 인도신화	황천춘/ 정주은 역
		과학이 우리를 구원하지 못할 때 불교가 할 수 있는 것(2021 '세종도서' 선정)	데이비드 로이/ 민정희 역
		메타휴먼	디팩 초프라/ 김윤종 역
	10월	부처님의 감정수업	김정호, 서광, 전현수
		명상가 붓다의 삶	아날라요 비구/ 김종수 역
	11월	비구 급선무	시현
	12월	조용헌의 영지순례	조용헌/ 구지회 그림
		달마어록	보리달마/ 일수 역
		정신과 의사가 들려주는 초기불교 32강	전현수
		나는 여자도 아니고 남자도 아니다 모든 것이다	임순희

2021	1월	SANSA 산사	한국불교종단협의회 기획
		불교와 양자역학	빅 맨스필드/ 이중표
		나는 어제 개운하게 참 잘 죽었다	장웅연
	2월	티베트 사람들의 보리심 기도문	청전 편역
		가만히 기울이면(2022 '아침독서 추천도서' 선정)	조 로링 피/ 나태주 역
		우리가 알고 싶은 삶의 모든 답은 한 마리 개 안에 있다	디르크 그로서/ 추미란 역
	3월	붓다 연대기 (2021 '세종도서', '불교출판문화상 우수상' 선정)	이학종
		마음 공부에 관하여	초감 트룽파/ 이현주 역
	4월	정선 쌍윳따 니까야	이중표
		불교를 안다는 것 불교를 한다는 것	중현
	5월	연민의 씨앗	달라이 라마/ 바오 루 그림, 문태준 역
		진흙 속에서 달이 뜨네	학산대원 대종사
		한국불교 대표문헌 영역사업 - 한국고승전	조계종 교육원
		한국불교 대표문헌 영역사업 - 조선호불론	조계종 교육원
	6월	불교에 대해 꼭 알아야 할 100가지	이일야
		낡아가며 새로워지는 것들에 대하여	원철
		모든 발걸음마다 평화	틱낫한/ 김윤종 역
	7월	화, 이해하면 사라진다	일묵
	8월	마가 스님의 100일 명상	마가
		이제 당신이 명상을 해야 할 때	김병전
	9월	뉴로다르마	릭 핸슨/ 김윤종 역
		너의 우주를 들어 줄게 (2022 '아침독서 추천도서' 선정)	A.C. 피츠패트릭/ 에리카 메디나 그림, 권이진 역
		산스끄리뜨 금강경 역해	현진 역
	10월	지장 신앙의 성립과 고려불화 지장보살도	자현
		사유하는 기쁨	선일
		소설 원효(2022 '올해의 불서 10' 선정)	이지현
	11월	내 아이가 최고 밉상일 때 최상의 부모가 되는 법	킴 존 페인/ 조은경 역
		근본불교	이중표
	12월	어린이를 위한 마음챙김 워크북	한나 셔먼/ 김문주 역
		호흡 그리기	톰 그레인저/ 한미선 역
		지금 이 순간에 대한 탐구 깨어있음	브라이언 피어스/ 박문성 역

2022			
	1월	나나가 집으로 돌아온 날	킴 톰식/ 해들리 후퍼 그림, 김산하 역
		당신의 뇌가 사랑을 의심할 때	다니엘라 베른하르트/ 추미란 역
		보리도등론 역해(티베트어 원전 완역)	아띠싸/ 중암선혜 역
	2월	聖寶 – Buddhist National Treasures of Korea	한국불교종단협의회 기획
		10대를 위한 반야심경	사이토 다카시/ 이미령 역
		인생의 모든 문제에는 답이 있다	웨인 다이어/ 이재석 역
	3월	마음챙김 만다라 컬러링 100	혜장 엮음
		ABC 호흡 놀이	크리스토퍼 윌라드 외/ 브라운 그림, 이임숙 역
		연민은 어떻게 삶을 고통에서 구하는가	조안 할리팩스/ 김정숙 진우기 역
	4월	철학자의 불교 공부 노트	지지엔즈/ 김진무 류화송 역
		사찰 속 숨은 조연들	노승대
		한국불교 대표문헌 영역사업 - 화엄경 문답	조계종 교육원
		한국불교 대표문헌 영역사업 - 맑고 향기롭게	조계종 교육원
		한국불교 대표문헌 영역사업 - 한국의 불교사상	조계종 교육원
		한국불교 대표문헌 영역사업 - 한국의 불상	조계종 교육원
	5월	평화 되기	틱낫한/ 이현주 역
		마음 발견의 기술	김종명
		물질세계	편집위원회 엮음/ 게쎼 텐진 남카 역
		고양이가 주는 행복, 기쁘게 유쾌하게 (2022 '문학나눔' 선정)	보경/ 권윤주 그림
	6월	조용헌의 도사열전	조용헌
		죽기 전에 봐야 할 사후 세계 설명서	하시즈메 다이사부로/ 주성원 역
		도법 스님의 신심명 강의	도법
	7월	77	시바 싱/ 추미란 역
	8월	수륙무차평등재의촬요	미등 역
		조선시대 왕실발원 불상의 연구 (2023 '세종도서' 선정)	유근자
		나를 살린 20일	진은섭
		원행 스님의 당부	원행
		니까야로 읽는 금강경	이중표
	9월	시간이 없다(2023 '문학나눔' 선정)	정찬주
	10월	성공을 쟁취하는 파워 실전 명상	자현/ 추추비니 그림
		어떻게 아이 마음을 내 마음처럼 자라게 할까	크리스토퍼 윌라드/ 김미정 역
		불교를 꿰뚫다	등현
		관조 觀照 (Kwanjo)(2023 '세종도서' 선정)	관조 스님 문도회 엮음
	11월	오늘부터 다시 친구(2023 '아침독서 추천도서' 선정)	나마 벤지만/ 김세실 역
		화엄경소론찬요 10·11·12	혜거 편저
		고요히 앉아 있을 수만 있다면	틱낫한/ 김윤종 역
	12월	틱낫한 마음	틱낫한/ 윤서인 역
		산사 명작	노재학
		이해하고 내려놓기	일묵

연도	월	제목	저자
2023	1월	Check – in To Myself, Templestay (Since 2002)	편집부
		Ganghwado Island	편집부
		The Dark Courts	한국불교종단협의회 기획
		금강경삼가해 강설을 논강하다	무각 강설
	2월	수심결과 마음공부	법상
		Gyeongju Namsan	편집부
		집 떠나 사는 즐거움(2023 '세종도서' 선정)	해인사승가대학
		불교 기도문	동명
		이 뭐꼬? 이것뿐!	월호
	3월	마음공부 만다라 컬러링 100	용정운
		아소까대왕 1·2·3(2023 '유심 작품상' 수상)	정찬주
		보리도등론난처석(티베트어 원전 완역) (2023 '여시관 불교번역상 대상' 선정)	아띠쌰/ 중암 선혜
		한국불교 대표문헌 영역사업 – 선문정로	조계종 교육원
		한국불교 대표문헌 영역사업 – 한국의 선 사상	조계종 교육원
	4월	일향 강우방의 예술 혁명일지	강우방
	5월	내가 여기 있어요	크리스토프 앙드레/ 안해린 역
		최강의 공부 명상법	일우 자현/ 김재일 그림
		붓다의 언어	등현
		산골 노승의 화려한 점심(2023 '군종도서' 선정)	향봉
		나, 아직 열리지 않은 선물(2023 '올해의 불서 10' 선정)	원세
		이제서야 이해되는 불교	원영
		명성 스님 수행록	김광식
		담마빠다	이중표 역주
		나를 채우는 섬 인문학, 강화도	노승대 외
	6월	탄허 스님의 선학 강설	탄허/ 이승훈 역
		치문경훈	현진 역
	7월	인문학 독자를 위한 금강경	김성옥
		인문학 독자를 위한 법화경	하영수
		인문학 독자를 위한 화엄경	박보람
		작은 빛 하나가	캇 예/ 이자벨 아르스노 그림, 황유진 역
	8월	산골 노승의 푸른 목소리	향봉
		명상·마음챙김·긍정심리 훈련(MMPT) 워크북	김정호
		숫따니빠따	이중표
		조주록 강설 – 상·하	학산 대원 대종사
		죽음은 내 인생 최고의 작품	페마 초드론/ 이재석 역
		다미주신경 이론	뎁 다나 / 박도현 역
	9월	정선 앙굿따라 니까야	이중표
		영성이란 무엇인가	필립 셸드레이크/ 한윤정 역
		마음아, 어디 있느냐	통광
	10월	사찰에 가면 문득 보이는 것들	노승대
		한국불교 대표문헌 영역사업 – 월인천강지곡	조계종 교육원
		한국불교 대표문헌 영역사업 – 선의 세계	조계종 교육원
	11월	화엄경소론찬요 13·14·15·16	혜거 편저
		네 느낌은 어떤 모습이니? (2024 '아침독서 추천도서' 선정)	앤디 J. 피자·소피 밀러/ 김세실 역
		신이 된 선승, 범일국사(2024 '우수학술도서' 선정)	자현
		삶이 고(苦)일 때 붓다, 직설과 미술	강소연
		에세이 선종사	보경
	12월	종교는 달라도 인생의 고민은 같다	성진 외

2024			
	1월	존 카밧진의 내 인생에 마음챙김이 필요한 순간	존 카밧진/ 안희영·김정화 역
		삶을 바꾸는 5가지 명상법	혜봉
		현대와 불교사상	이중표
		태양에는 밤이 깃들지 않는다	자현
		아주 오래된 시에서 찾아낸 삶의 해답	원철
	2월	그림과 함께 읽는 감명 깊은 초기경전	일아 역
		염불, 극락으로의 초대	선화상인/ 정원규 이정희 역
		깨달음의 빛, 청자 1·2	정찬주
	3월	The World of Symbols in Korean Buddhist Temples	한국불교종단협의회 기획
		내 안의 엑스터시를 찾아서	성해영
		인생의 괴로움과 깨달음 (2024 '불교출판문화상 우수상' 선정)	강성용
		지금 우리에게 예수는 누구인가?	정경일
		이슬람교를 위한 변명	박현도
		소태산이 밝힌 정신개벽의 길	장진영
		스무 살의 마음 연습	에릭 B. 룩스/ 김완두 외 역
	4월	불교 부적의 연구	정각
		인생이 흔들릴 때 열반경 공부	자현
	5월	오십부터 시작하는 나이듦의 기술	코니 츠바이크/ 권은현 역
		당신은 이미 완벽한 사람입니다	지범
		사랑하며 용서하며	향봉
		이제서야 이해되는 반야심경	원영
		기도의 이유	중현
		조선의 승과 연구	정각
	6월	왜 마음챙김 명상인가(30주년 기념판)	존 카밧진
		내면 치유	융 푸에블로/ 권혜림 역
		나보다 널 더 사랑해	발터 뫼비우스·아름가르트 베란/ 양삼승 역
		아주 평범한 돼지 피브	K-파이 스틸/ 류수빈 역
		인간 붓다	이중표
		무엇이 삶을 놀이로 만드는가	스티븐 나흐마노비치/ 권혜림 역
	7월	붓다가 된 어느 흑인 사형수	자비스 제이 마스터스/ 권혜림 역
	8월	관세음보살이여, 관세음보살이여	김호성
		명상맛집	강민지
		화엄경소론찬요 17~21	혜거
		광우 스님이 들려주는 기도 가피 이야기	광우
		관계에 능숙해지는 법	릭 핸슨/ 김윤종 역
	9월	華嚴山門을 다시 열다 – 도광·도천 대종사 行狀記	화엄문도회
		틱낫한 인터뷰	틱낫한/ 허우성 허주형 역
		불교를 알면 삶이 자유롭다	차드 맹 탄 외/ 이재석 역
		상처 주지 않을 결심	카렌 암스트롱/ 권혁 역
	10월	불경	이중표 편역
		미네소타주립대학 서양철학 강의	홍창성
		나는 어떻게 붓다가 되는가	앤 캐롤린 클라인/ 유정은 역
		광덕 스님 법어록	광덕
		인도 불교 철학	J. 웨스터 호프
	11월	화중연화(火中蓮華) 여천무비 스님 전집 – 전 25권	무비
		마음챙김 명상은 과학이다(가제)	신진욱
		산티아고는 사물을 다르게 보았어요(가제)	크리스틴 아이버슨
		어느 날 만약에(가제)	부르스 핸디 외

연도	월	제목	저자
2020	4월	수좌 적명	적명
	5월	사성제	일묵
		선방일기	지허/ 견동한 그림
		정신과 의사의 체험으로 보는 사마타와 위빠사나	전현수
		염불, 모든 것을 이루는 힘	원영 굉오/ 정원규 편역
		인문학을 좋아하는 사람들을 위한 불교수업	김사업
		질문이 멈춰지면 스스로 답이 된다	원제
		힘들 때 펴보라던 편지	최성현
	6월	무비 스님 新 금강경강의	여천 무비
	7월	명상이 뇌를 바꾼다	장현갑
		불교란 무엇인가	이중표
		생각 사용 설명서	전현수
		일묵 스님이 들려주는 초기불교 윤회 이야기	일묵
		조용헌의 인생독법	조용헌/ 박방영 그림
	8월	미산스님 초기경전 강의	미산
	11월	붓다 한 말씀	이미령
		집으로 가는 길은 어디서라도 멀지 않다	원철
	12월	어느 날 고양이가 내게로 왔다	보경/ 권윤주 그림
2021	2월	물 흐르고 꽃은 피네	금강
		미네소타주립대학 불교철학 강의	홍창성
	3월	당신이 행복입니다	월호
		인생과 싸우지 않는 지혜	곽철환
	4월	당신은 무엇을 먹고 사십니까	선재
		운명을 바꾸는 법	정공 강설/ 이기화 역
	5월	꽃을 꺾어 집으로 돌아오다	한승원/ 김선두 그림
		심리학자의 인생 실험실	장현갑
	8월	화, 이해하면 사라진다	일묵
	11월	낡아가며 새로워지는 것들에 대하여	원철
2022	4월	마음 vs 뇌	장현갑
		아름다운 인생은 얼굴에 남는다	원철
	8월	부처님의 감정수업	김정호 서광 전현수
		불자로 산다는 것	도일
		스님의 공부법	자현/ 소복이 그림
		전현수 박사의 불교정신치료 강의	전현수
		한국인이 가장 좋아하는 선문답	장웅연
	12월	오대산 노스님의 인과 이야기	과경 엮음/ 정원규 역
		조용헌의 도사열전	조용헌

2023	1월	이해하고 내려놓기	일묵
	2월	수심결과 마음공부	법상
	3월	불교 기도문	동명
		이 뭐꼬? 이것뿐!	월호
		집 떠나 사는 즐거움	해인사승가대학
	6월	나, 아직 열리지 않은 선물	원제
		산골 노승의 화려한 점심	향봉
		이제서야 이해되는 불교	원영
		최강의 공부 명상법	일우 자현/ 김재일 그림
	7월	문학 독자를 위한 금강경	김성옥
		인문학 독자를 위한 법화경	하영수
		인문학 독자를 위한 화엄경	박보람
	8월	산골 노승의 푸른 목소리	향봉
2024	1월	종교는 달라도 인생의 고민은 같다	성진 외
	2월	아주 오래된 시에서 찾아낸 삶의 해답	원철
		염불, 극락으로의 초대	선화상인/ 정원규 이정희 역
	5월	당신은 이미 완벽한 사람입니다	지범
		사랑하며 용서하며	향봉
		이제서야 이해되는 반야심경	원영
		인생이 흔들릴 때 열반경 공부	일우 자현
	8월	관세음보살이여, 관세음보살이여	김호성
	9월	광우 스님이 들려주는 기도 가피 이야기	광우/ 소리여행 그림

불광출판사 상장 '수여·선정 기관 및 내역'

수여 기관	내역
문화체육관광부 세종도서	교양부문
	학술부문
대한민국학술원	우수학술도서
조계종 총무원	불교출판문화상
불교출판문화협회	올해의 불서
한국출판문화진흥재단	청소년 교양도서
대한출판문화협회	
문화체육관광부	문학나눔
한국문화예술위원회	
(사)행복한아침독서	추천도서
교보문고·중앙일보	이달의 책
만해사상실천선양회	유심작품상
(재)여시관	불교번역상
국방부	진중문고
	군종도서
열린어린이	좋은그림책

2014	1월	사찰의 상징세계 - 상·하	자현
		불교미술의 해학	권중서
		불교 초보 탈출 100문 100답	김성철
		봄바람에 피지 않는 꽃이 있으랴	설정 외
		반야참회	혜룡
		반야심경	현봉
		무비 스님 신 금강경 강의	무비
		망설일 것 없네 당장 부처로 살게나	도법
		마음챙김 명상 멘토링	김정호
		마음 vs 뇌	장현갑
		대장경 천 년의 지혜를 담은 그릇	오윤희
		내 인생의 멘토 붓다	이중석
		나를 치유하는 산사기행	승한
		나를 치유하는 마음 여행	서광
		길 위의 절	장영섭
		기억에 남는 명법문	성수 외
		가슴이 부르는 만남	변택주
		정신과 의사가 붓다에게 배운 마음 치료 이야기	전현수
		유식불교의 이해	목경찬
		우승택의 생테크 날줄 원각경	우승택
		선방일기	지허
		생각 사용 설명서	전현수
		산사는 깊다	지안
		한국인이 가장 좋아하는 경전 구절	이진영
		치유하는 불교 읽기	서광
		지리산 스님들의 못말리는 수행이야기	천진/ 현현 엮음
	2월	그물코 인생 그물코 사랑	도법
		그리운 아버지의 술 냄새	이미령
		그대 삶이 경전이다	무각
		고마워요 자비명상	마가 이주영
		10분 해탈	용타
		지혜가 있는 사람은 경계를 두려워하지 않는다	원산 외
		현대인의 정신건강	이동식
		현대인과 스트레스	이동식
		현대인과 노이로제	이동식
		한 권으로 보는 세계불교사	명법 외
		체험으로 읽는 티벳 사자의 서	강선희
		지리산 스님들의 못 말리는 행복 이야기	천진
		증도가 언기주	영가현각/ 제월통광 역
		일꾼 의천	오윤희
		왕오천축국전	혜초/ 지안 역
		알고 보면 괜찮은	마가
		샨티데바의 행복수업	샨티데바/ 김영로 역
		생의 의문에서 그 해결까지	광덕
		산승불회	유철주 조계종총무원
		사랑할 시간은 그리 많지 않다	고산 외
		붓다 한 말씀	이미령
		법화경 강의 - 상·하	무비
		반야심경	한암대원 선사
		무비스님 직지강설 - 上·下	무비
		대주선사어록 강설 - 上·下	대주혜해/ 한암대원 강설
		대만불교의 5가지 성공 코드	불광연구원

2014	4월	사람의 맨발	한승원
	5월	마음의 정원을 거닐다	지안
		내게 와 부딪히는 바람도 사랑하라	지선 외
		자현 스님의 조금 특별한 불교 이야기	자현
		일곱 번의 작별인사	무비
		오대산 노스님의 인과 이야기	과경 / 정원규 역
		오대산 노스님의 그 다음 이야기	과경 / 정원규 역
		염불, 모든 것을 이루는 힘	원영평오 / 정원규 역
		법화경 - 上·下	무비
		도정신치료 입문	이동식
		나 홀로 명상	김승석
		꽃향기도 훔치지 말라	중산 혜남
	6월	담마빠다	일아
		붓다 순례	자현
		보현행원품 강의	광덕
	8월	선재 스님의 이야기로 버무린 사찰음식	선재
	12월	트라우마 사용설명서	마크 엡스타인 / 이성동 역
		집으로 가는 길은 어디서라도 멀지 않다	원철
		이것이 불교의 핵심이다	곽철환
		어려울 때 힘이 되는 8가지 명상	잭 콘필드 / 정준영 역
		소를 타고 소를 찾는구나	무비
		두 글자로 깨치는 불교	가섭
		대승기신론 강해	한자경
		당신은 부처님	무비
2015	1월	진흙소가 물 위를 걸어간다	무비
		연기법으로 읽는 불교	목경찬
		소를 때려야 하는가 수레를 때려야 하는가	무비
		무쇠소는 사자후를 두려워하지 않는다	무비
	2월	불행하라 오로지 달마처럼	웅연
	3월	숫따니빠따	일아
		성지에서 쓴 편지	호진·지안
		밥값 했는가	도원 외
		검색의 시대, 사유의 회복	법인
	6월	작정하고 재미있게 쓴 에피소드 인도	자현
	8월	조용헌의 휴휴명당	조용헌
	11월	존 카밧진의 처음 만나는 마음챙김 명상	존 카밧진 / 안희영 역
		한 권으로 읽는 불교 고전	곽철환
		왜 세종은 불교 책을 읽었을까	오윤희
		생각 바꾸기	김정호
		부처님의 부자수업	윤성식
		무아 윤회 문제의 연구	호진
2016	1월	불자로 산다는 것	도일
	2월	스님의 공부법	자현
	6월	행복의 법칙	광덕
		한국인이 가장 좋아하는 선문답	장웅연
		발심수행장	공파
	7월	소크라테스, 붓다를 만나다	해리슨 J. 펨버턴 / 추미란 역
	8월	인생과 싸우지 않는 지혜	곽철환
		무엇이 삶을 예술로 만드는가	프랑크 베르츠바흐 / 정지인 역
	9월	중독이 나를 힘들게 할 때	토마스 비엔, 비버리 비엔 / 이재석 역
	12월	구조대의 SOS	댄 윌리스

2017	1월	불교 페미니즘과 리더십	텐진 빠모 외/ 샤카디타 코리아 역
	2월	화해	틱낫한/ 진우기 역
		틱낫한 기도의 힘	틱낫한/ 이현주 역
		생사의 근본에서 주인이 되라	허운대사/ 정원규 역
		미산 스님 초기경전 강의	미산
		명성	남지심
		깨달음과 역사	현응
	6월	현증장엄론 역주	범천
		한국 선불교의 원류 지공과 나옹 연구	자현
		은유와 마음	명법
		사찰불화 명작강의	강소연
		받아들임	타라 브래/ 김정호 김선주 역
		당신은 무엇을 먹고 사십니까	선재
		달라이 라마의 불교 강의	달라이 라마, 툽텐 최된/ 주민황 역
		너는 이미 기적이다	틱낫한/ 이현주 역
	8월	스님, 절밥은 왜 그리도 맛이 좋습니까	박찬일
2018	2월	인문학을 좋아하는 사람들을 위한 불교수업	김사업
		어느 날 고양이가 내게로 왔다	보경
		심리학자의 인생 실험실	장현갑
		스님의 논문법	자현
		E형 인간 성격의 재발견	변광호
		선한 마음	달라이 라마/ 류시화 역
	3월	전현수 박사의 불교정신치료 강의	전현수
	5월	아무것도 남기지 않기	아잔 브람/ 지나 역
		불교음식학: 음식과 욕망	공만식
		꽃을 꺾어 집으로 돌아오다	한승원/ 김선두 그림
		그대의 마음을 가져오라	혜담
		걱정하면 지는 거고 설레면 이기는 겁니다	용정운
		화두, 나를 부르는 소리	박재현
	6월	달라이 라마가 전하는 우리가 명상할 때 꼭 알아야 할 것들	달라이 라마/ 주영아 외 역
		처음 만나는 명상 레슨	잭 콘필드/ 추선희 역
	7월	붓다 브레인	릭 핸슨 & 리처드 멘디우스/ 장현갑 장주영 역
		호흡하세요 그리고 미소지으세요	타라 브랙/ 윤서인 역
	8월	조용헌의 인생독법	조용헌
		중론	가츠라 쇼류, 고시마 기요타카/ 배경아 역
		8주 나를 비우는 시간	마크 윌리엄스 외 / 안희영 외 역
	9월	불교란 무엇인가	이중표
	10월	붓다의 철학	이중표
		무비 스님이 가려 뽑은 불교 명구 365 상·하	무비
		이이화의 이야기 한국불교사	이이화
		마음챙김 놀이	수잔 카이저 그린랜드/ 이재석 역
		니까야로 읽는 반야심경	이중표
	11월	곰브리치의 불교 강의	리처드 곰브리치/ 송남주 역
		정신과 의사의 체험으로 보는 사마타와 위빠사나	전현수
		아침에 일어나면 꽃을 생각하라	달라이 라마/ 강성실 역

2019	1월	자현 스님이 들려주는 불교사 100장면	자현
		기쁨의 세포를 춤추게 하라	재마
	4월	힘들 때 펴보라던 편지	최성현
	5월	당신이 행복입니다	월호
	6월	존 카밧진의 왜 마음챙김 명상인가?	존 카밧진/ 엄성수 역
		명상이 뇌를 바꾼다	장현갑
	8월	미네소타주립대학 불교철학 강의	홍창성
		마음챙김과 비폭력대화	오렌 제이 소퍼/ 김문주 역
		달라이 라마의 입보리행론 강의	달라이 라마/ 이종복 역
		눈물만 보태도 세상은 아름다워집니다	보각
		나의 반려동물도 나처럼 행복할까	데이비드 미치/ 추미란 역
		두려워하지 않는 힘	진우
		일묵 스님이 들려주는 초기불교 윤회 이야기	일묵
		이이화의 명승열전	이이화
		왕생요집	겐신/ 김성순 역
	9월	정선 디가 니까야	이중표
		산스크리트 원전 완역 팔천송반야경	전순환
		부처님은 어디에서 누구에게 어떻게 가르치셨나	일아
		정념 스님이 오대산에서 보낸 편지	정념
		벼리는 불교가 궁금해	변택주/ 권용득 그림
	10월	도해 운명을 바꾸는 법	석심전 엮음/ 김진무 류화송 역
	11월	질문이 멈춰지면 스스로 답이 된다	원제
		스님의 라이프 스타일	원영
	12월	통과 통과	범일
		아름다운 인생은 얼굴에 남는다	원철
		물 흐르고 꽃은 피네	금강
		틱낫한 불교	틱낫한/ 권선아 역
2020	1월	자네, 좌뇌한테 속았네!	크리스 나이바우어/ 김윤종 역
		사찰에는 도깨비도 살고 삼신할미도 산다	노승대
	2월	아디야샨티의 가장 중요한 것	아디야샨티/ 이창엽 역
		지금 이 순간이 나의 집입니다	틱낫한/ 이현주 역
		수좌 적명	적명
	3월	붓다의 연기법과 인공지능	조애너 메이시/ 이중표 역
		끌어안음	타라 브랙/ 추선희 역
		알아차림	대니얼 J. 시겔/ 윤승서 이지안 역
		사성제	일묵
	4월	인문학을 좋아하는 사람들을 위한 반야심경	야마나 테츠시/ 최성현 역
		정선 맛지마 니까야	이중표
	5월	지금이라도 알아서 다행인 것들	원영/ 나윤찬 그림
	6월	최상의 행복	원종
		고양이를 읽는 시간	보경/ 권윤주 그림
		붓다가 깨달은 연기법	이중표
		마음이 아플 땐 불교심리학	잭 콘필드/ 이재석 역
	7월	붓다, 중도로 살다	도법
		깨달음이 뭐라고	고이데 요코/ 정현옥 역
	8월	티베트 사자의 서	빠드마쌈바와/ 중암 역
	9월	중음에서 벗어나는 법	왕원/ 차혜정 역
	10월	메타휴먼	디팩 초프라/ 김윤종 역
		부처님의 감정수업	김정호 서광 전현수
	12월	명상가 붓다의 삶	아날라요/ 김종수 역

2021	1월	나는 여자도 아니고 남자도 아니다 모든 것이다	임순희
		달마어록	보리달마/ 일수 역
	2월	정신과 의사가 들려주는 초기불교 32강	전현수
		조용헌의 영지순례	조용헌
		나는 어제 개운하게 참 잘 죽었다	장웅연
		불교와 양자역학	빅 맨스필드/ 이중표 역
	3월	도해 금강경	구마라집/ 시칭시 엮음/ 김진무 류화송 역
		우리가 알고 싶은 삶의 모든 답은 한 마리 개 안에 있다	디르크 그로서/ 추미란 역
	4월	마음 공부에 관하여	초감 트룽파/ 이현주 역
		붓다 연대기	이학종
	5월	티베트 사람들의 보리심 기도문	청전
		정선 쌍윳따 니까야	이중표
		불교를 안다는 것 불교를 한다는 것	중현
	7월	불교에 대해 꼭 알아야 할 100가지	이일야
		모든 발걸음마다 평화	틱낫한/ 김윤종 역
		낡아가며 새로워지는 것들에 대하여	원철
	8월	화, 이해하면 사라진다	일묵
	9월	이제 당신이 명상을 해야 할 때	김병전
		마가 스님의 100일 명상	마가
	10월	뉴로다르마	릭 핸슨/ 김윤종 역
		사유하는 기쁨	선일
	11월	소설 원효	이지현
		산스끄리뜨 금강경 역해	현진
	12월	내 아이가 최고 밉상일 때 최상의 부모가 되는 법	킴 존 페인/ 조은경 역
		근본불교	이중표

2022	1월	어린이를 위한 마음챙김 워크북	한나 서먼/ 김문주 역
		깨어있음	브라이언 피어스/ 박문성 역
	2월	보리도등론 역해	아띠싸/ 중암선혜 역
		당신의 뇌가 사랑을 의심할 때	다니엘라 베른하르트/ 추미란 역
	3월	지장 신앙의 성립과 고려불화 지장보살도	자현
		인생의 모든 문제에는 답이 있다	웨인 다이어/ 이재석 역
	4월	연민은 어떻게 삶을 고통에서 구하는가	조안 할리팩스/ 김정숙 진우기 역
	5월	철학자의 불교 공부 노트	지지엔즈/ 김진무 류화송 역
		적멸보궁	자현 외
		거룩한 판타지 미륵	문광 외
		익살과 근엄 사이, 나한	강대현 외
		중생을 구제하는 이름, 관음	이기운 외
		절에 오신 손님, 산신	최광식 외
	6월	저승세계의 변호인, 지장	자현 외
		신라의 시작과 끝, 경주 남산	손수협 외
		고양이가 주는 행복, 기쁘게 유쾌하게	보경/ 권윤주
		사찰 속 숨은 조연들	노승대
		평화 되기	틱낫한/ 이현주 역
		죽기 전에 봐야 할 사후 세계 설명서	하시즈메 다이사부로/ 주성원 역
		마음 발견의 기술	김종명
		불교를 품은 지리산	박두규 외
	7월	조용헌의 도사열전	조용헌
		해동의 유마거사 추사 김정희	노승대 외
		싯다르타	이미령 외
		인류의 유산 연등회	이효원 외
		전지적 철학 시점	조성택 외
		드높고 은미한 이름 백제 불교	이내옥 외
		조선 개국과 불교	주경미 외
		도법 스님의 신심명 강의	도법
	8월	77	시바 심/ 추미란 역
	9월	니까야로 읽는 금강경	이중표
		나를 살린 20일	진은섭
		시간이 없다	정찬주
	11월	어떻게 아이 마음을 내 마음처럼 자라게 할까	크리스토퍼 윌라드/ 김미정 역
		성공을 쟁취하는 파워 실전 명상	자현
		불교를 꿰뚫다	등현
		진흙 속에서 달이 뜨네	학산대원 대종사
		고요히 앉아 있을 수만 있다면	틱낫한/ 김윤종 역
	12월	틱낫한 마음	틱낫한/ 윤서인 역
		10대를 위한 반야심경	사이토 다카시/ 이미령 역
		모던걸, 불교에 빠지다	류진아 외
		칼을 든 스님 - 임진왜란과 승군僧軍	박재광 외
		나에게로 체크인, 템플스테이(since 2002)	조현 외
		여래가 된 별님, 북두칠성	안상현 외
		섬에 깃든 고려왕조, 강화도	주수완 외
		이해하고 내려놓기	일묵

2023	1월	산사 명작	노재학
	2월	집 떠나 사는 즐거움	해인사승가대학
		수심결과 마음공부	법상
		금강경삼가해 강설을 논강하다	무각 강설
		새기고 염원하다, 팔만대장경	장웅연 외
		나무아미타불	자현 외
		달구벌 팔공산	이하석 외
		이 뭐꼬? 이것뿐!	월호
		불교 기도문	동명
	3월	아소까대왕 1·2·3	정찬주
	4월	돌봄과 수행 공동체, 실상사	김새미오 외
		입춘, 삼재 그리고 부적	유현주 외
		춤말로 몰랐던 제주불교	주수완 외
	5월	일향 강우방의 예술 혁명일지	강우방
		보리도등론난처석	아띠샤/ 중암선혜 역
	6월	명성 스님 수행록	김광식
		담마빠다	이중표
		나, 아직 열리지 않은 선물	원제
		붓다의 언어	등현
		내가 여기 있어요	크리스토프 앙드레/ 안해린 역
		최강의 공부 명상법	자현
		이제서야 이해되는 불교	원영
		산골 노승의 화려한 점심	향봉
		강화도	노승대 외
		탄허 스님의 선학 강설	탄허/ 이승훈 역
	7월	인문학 독자를 위한 화엄경	박보람
		인문학 독자를 위한 법화경	하영수
		인문학 독자를 위한 금강경	김성옥
		일연이 꿈꾼 삼국유사 비슬산	계미향 외
		산사에서 차차차茶茶茶	이하석 외
		반가사유상	박영식 외
		좌우당간(左右幢竿) 강릉 삼척	주수완 외
	8월	명상·마음챙김·긍정심리 훈련(MMPT) 워크북	김정호
		산골 노승의 푸른 목소리	향봉
		숫따니빠따	이중표
	9월	치문경훈	현진
		다미주신경 이론	뎁 다나/ 박도현 역
		죽음은 내 인생 최고의 작품	페마 초드론/ 이재석 역
		영성이란 무엇인가	필립 셸드레이크/ 한윤정 역
		욕망에 굶주린 귀신, 아귀	이경순 외
		조선의 B급 스님들	지미령 외
	10월	마음아, 어디 있느냐	제월 통광
	11월	정선 앙굿따라 니까야	이중표
	12월	에세이 선종사	보경
		신라불교의 시작, 아도와 구미 선산	주수완 외
		금강역사: 사찰로 온 헤라클레스	유근자 외
		극락으로 가는 배, 반야용선	김희진 외

2024	1월	삶이 고(苦)일 때 붓다, 직설과 미술	강소연
		종교는 달라도 인생의 고민은 같다	성진 외
		존 카밧진의 내 인생에 마음챙김이 필요한 순간	존 카밧진/ 안희영 김정화 역
		사찰에 가면 문득 보이는 것들	노승대
		신이 된 선승, 범일국사	자현
	2월	염불, 극락으로의 초대	선화상인/정원규 이정희 역
	3월	현대와 불교사상	이중표
		태양에는 밤이 깃들지 않는다	자현
		깨달음의 빛, 청자 1·2	정찬주
		삶을 바꾸는 5가지 명상법	혜봉
		그림과 함께 읽는 감명 깊은 초기경전	일아 역
		사찰에 용이 나르샤	정운 외
		무등등無等等, 광주 무등산	김희진 외
		소 타고 떠나는 깨달음의 여정 십우도	이광이 외
	4월	지금 우리에게 예수는 누구인가?: 길 위의 그리스도	정경일
		아주 오래된 시에서 찾아낸 삶의 해답	원철
		스무 살의 마음 연습	에릭 B. 룩스/ 김완두 외 역
		인생의 괴로움과 깨달음: 미처 몰랐던 불교, 알고 싶었던 붓다	강성용
		내 안의 엑스터시를 찾아서: 종교 이후의 종교	성해영
	5월	이슬람교를 위한 변명: 무함마드에 대한 우리의 오만과 편견에 관하여	박현도
		소태산이 밝힌 정신개벽의 길: 일상에서 찾은 원불교의 영성	장진영
		조주록 강설 - 상·하	학산대원 대종사
	6월	사랑하며 용서하며	향봉
		당신은 이미 완벽한 사람입니다	지범
		이제서야 이해되는 반야심경	원영
		오십부터 시작하는 나이듦의 기술	코니 츠바이크/ 권은현 역
	7월	조선의 승과 연구	정각
		인생이 흔들릴 때 열반경 공부	자현
		기도의 이유	중현
		내면 치유	융 푸에블로/ 권혜림 역
		무엇이 삶을 놀이로 만드는가	스티븐 나흐마노비치/ 권혜림 역
		불교 부적의 연구	정각
		붓다가 된 어느 흑인 사형수	자비스 제이 마스터스/ 권혜림 역
	8월	인간 붓다	이중표
		전륜성왕을 꿈꾼 광개토왕	이광이 외
		붓다의 가족	조경철 외
		염라대왕의 메신저, 저승사자	이지은 외
		해남 땅끝 아름다운 절, 미황사	이학종 외
		명상맛집	강민지
		관세음보살이여, 관세음보살이여	김호성
	9월	틱낫한 인터빙	틱낫한/ 허우성 허주형 역
		광우 스님이 들려주는 기도 가피 이야기	광우
		관계에 능숙해지는 법	릭 핸슨/ 김윤종 역

1회	하루에 다섯 스승을 만나다 (2016.6.)		
	①	평화롭고 행복하고 자유로운 삶	금강 스님
	②	신이 진리가 아니라 진리가 신이다	조성택
	③	부처님과 제자들은 어떻게 살았을까	원영 스님
	④	정신수행은 어떻게 정신을 치료하는가	전현수
	⑤	동요하지 않는 담담한 마음 갖는 법	미산 스님
2회	부처님의 소통수업 (2016.12.)		
	①	분노는 나의 스승	김정호
	②	자존감 있는 삶	서광 스님
	③	우울증은 어떻게 치유되는가	전현수
3회	부처님의 소통수업 (2017.5.)		
	①	자신과의 소통	명법 스님
	②	사회와의 소통	도법 스님
	③	시대의 소통	강신주
4회	과학의 시대, 명상의 시대 (2017.11.)		
	①	명상은 어떻게 아픔을 치유하는가	장현갑
	②	과학이 밝혀낸 명상의 의미	박문호
	③	불교명상의 미래	인경 스님
5회	내 삶을 변화시키는 수행법 (2018.6.)		
	①	사마타와 위빠사나 수행법	일묵 스님
	②	간화선 수행법	월암 스님
	③	염불선 수행법	배광식
	④	티베트 람림수행법과 절수행법	소남 스님
6회	욕망에 대한 세가지 시선 (2018.10.)		
	①	소유와 소비는 악인가?	윤성식
	②	원초적 욕망과의 대면	고미숙
	③	붓다의 지속가능 행복론	법인 스님
7회	불교공부 어떻게 할까? (2019.6)		
	①	역사와 문화콘텐츠로 흐름 파악하기	자현 스님
	②	인생을 바꾸는 붓다의 학습법	성태용
	③	의심과 탐구의 불교학	권오민
8회	유라시아 문명 실크로드 (2019.9.)		
	①	한민족 시선으로 문명교류사 다시보기	윤명철
	②	실크로드 미술과 고대 한국	권영필
	③	서역과 고구려로 이어진 인도 음악	전인평
9회	우리는 어떻게 먹을까? (2019.11.)		
	①	우리는 무엇을 어떻게 먹어야 할까?	장준우
	②	맛의 본질, 길들여진 맛을 넘어서	박찬일
	③	사찰음식, 공생의 식습관	선재 스님
10회	내 삶을 바꾸는 기도의 힘 (2020.6.)		

	①	Why? 왜 기도하는가?	원제 스님
	②	How? 어떻게 기도할 것인가?	정목 스님
	③	What? 기도를 통해 무엇을 얻을까?	이현주 목사
11회	기후 위기, 시간이 없다 (2020.7)		
	①	기후위기, 더 물러설 곳이 없다	윤순진
	②	기후 비상사태를 선언하라	이유진
	③	기후위기, 생명의 위기와 불교의 행동	유정길
12회	인공지능 시대와 사유하는 불교 (2020.9.)		
	①	인공지능, 빅데이터의 현재와 미래	구본권
	②	현대과학의 눈으로 본 불교	양형진
	③	인공지능시대, 우리는 무엇을 사유해야 하는가	보일 스님
13회	새해란 무엇인가? (2021.1.)		
	①	불안의 시대와 마음관리법	최훈동
	②	물리학으로 보는 시간	김범준
	③	동양학에서 보는 새해의 의미	문광 스님
14회	온라인 법당, 불교를 만나 다행이야 (2021.4.)		
	①	언택트 시대, 지금은 불교를 만나야 할때	이중표
	②	부작용 없는 불교사용설명서	광우 스님
	③	불교를 만나면 삶이 바뀐다.	진명 스님
15회	무상, 변화의 파도 위에서 균형 잡는 법 (2021.7.)		
	①	다가오는 디지털 경제, 내 삶에 어떤 영향을 줄까?	최배근
	②	인공지능과 로봇 시대에 달라지는 것들	김용섭
	③	자신감보다 자존감이 필요한 이유	김태형
16회	윤회는 어떻게 삶의 지혜가 되는가 (2021.10.)		
	①	윤회 그것이 알고 싶다, 윤회의 문화사	임승택
	②	윤회에 관한 과학적 고찰	김성구
	③	업과 과보, 삶과 죽음	일묵 스님
17회	수행, 일상을 바꾸는 아름다운 습관 (2022.1.)		
	①	세상이 아무리 바뀌어도 수행해야 하는 이유	법상 스님
	②	수행을 어떻게 꾸준히 할까?	월호 스님
	③	수행으로 무엇을 얻는가?	임순희
18회	순례, 새로운 나를 위한 발걸음 (2022.4.)		
	①	마음이란 세계를 거닐다	원제 스님
	②	영성의 통로, 적멸보궁 거닐기	문광 스님
	③	신라의 마음, 경주남산에 새겨진 불심	진병길
	④	쉼과 깸, 그리고 행선	법인 스님
19회	성보의 재발견 (2022.7.)		
	①	부처님의 미소의 미학	명법 스님
	②	비율의 극치, 불멸의 상징 탑과 부도	주수완
	③	경이로운 섬세함과 청정함 고려불화	강소연
	④	불법의 상징 가람, 전각	노승대

20회	붓다·예수·무함마드·소태산에게 길을 묻다 (2022.10.)		
	①	종교, 우리 곁에 여전히 존재할까?	성해영
	②	붓다, 붓다에게 묻다	강성용
	③	예수, 오늘을 위한 해방의 길	정경일
	④	약자의 눈으로 세상을 보다	박현도
	⑤	소태산, 일상에서 영성의 길을 찾다	장진영
21회	과학이 밝혀낸 인간의식의 본질 (2023.1.)		
	①	과학이 밝혀낸 인간의 의식	박문호
	②	자아의 출현, 생각, 의식	
	③	과학과 불교 무엇이 같고 다른가	
22회	체험으로 보는 초기불교 수행법 (2023.2.)		
	①	팔정도 수행과 사마타, 위빠사나 명상	일묵 스님
	②	초기경전에 나타난 불교수행법	마성 스님
	③	내가 체험한 한 달간의 미얀마 단기출가 수행	이학종
23회	우리 마음속 성격과 기질 (2023.3.)		
	①	행복한 삶을 위한 성격과 기질의 이해	양창순
	②	성격검사의 허와 실 MBTI 바로 보기	한민
	③	한국인의 민족심리 우리는 누구인가?	김태형
24회	죽음을 다시 보다 (2023.4.)		
	①	현장에서 바라본 죽음의 실상	김현아
	②	과학자들의 죽음 연구, 어디까지 왔나	김성구
	③	불교는 죽음을 어떻게 가르치는가?	동훈 스님
25회	불교를 읽는 키워드, 아소까 대왕 (2023.5.)		
	①	나는 왜 소설 아소까를 쓰게 되었는가?	정찬주
	②	아소까 이전의 불교와 이후의 불교	황순일
	③	인도 대륙에 새겨진 아소까 대왕의 흔적들	강소연
26회	티베트 명상수행의 재발견 (2023.6.)		
	①	람림수행법(보리도차제론)	김성철
	②	족첸수행법(대원만수행법)	용수 스님
	③	로종수행법(입보리행론)	청전 스님
27회	귓전 명상 집중강연 (2023.7.)		
	①	나는 왜 명상을 하게 되었는가?	채환
	②	나를 일깨운 명상법	
	③	마음을 치유하는 노래	
28회	명상은 어떻게 진화하고 있나? (2023.8.)		
	①	전통수행법은 어떻게 변화하고 있나	오용석
	②	의학이 받아들인 명상치료	김종우
	③	명상은 어떻게 불교정신치료가 됐나	전현수
29회	100세 시대의 마음 건강법 (2023.9.)		
	①	100세시대 복병, 치매예방은 어떻게?	장기중
	②	100세시대 행복한 내면을 위한 마음근육키우기	이용태

	③	100세시대 노년 인생 설계법	강창희
30회	불교와 과학, 인터넷 카르마 (2023.10.)		
	①	과학과 불교, 무엇이 같고 다른가	홍창성
	②	진화론의 관점에서 본 무상의 개념	유선경
	③	인터넷 카르마	법장 스님
31회	불교는 왜 신을 믿지 않는가 (2023.12.)		
	①	나는 왜 신을 믿지 않는가	자현 스님
	②	인도 불교에서 신의 존재	
	③	중국 불교에서 신의 의미	
32회	니까야를 다시 보다 (2024.1.)		
	①	불교를 어떻게 이해할 것인가	정영근
	②	동아시아 불교와 니까야	최연식
	③	니까야의 눈으로 경전을 봐야 하는 이유	이중표
33회	자이나교와 불교 (2024.2.)		
	①	자이나교와 불교, 무엇이 같고 다른가	양영순
	②	내가 취재했던 자이나교도들의 삶	최승호
	③	불교는 자이나교에서 무엇을 배울까	강성용
34회	우리시대의 극단주의와 불교 (2024.3.)		
	①	한국 현대사의 극단주의	전우용
	②	사람들은 왜 극단주의에 빠질까	김태형
	③	화쟁과 중도, 극단을 피하는 방법	도법 스님
35회	물리학자들이 본 양자역학과 불교 (2024.4.)		
	①	양자역학과 불교	김성구
	②	상대성 이론과 양자역학	양형진
	③	선불교와 양자역학	박영재
36회	서양 철학자들이 바라본 불교 (2024.5.)		
	①	니체의 철학과 불교	박찬국
	②	들뢰즈의 차이의 철학, 그리고 불교	이진경
	③	보드리야르의 시뮬라시옹, 인공지능 그리고 불교	보일 스님
37회	불교사를 바꾼 대논쟁들 (2024.6.)		
	①	십사비법 논쟁과 불교교단의 분열	이필원
	②	삼예의 논쟁, 인도불교와 중국불교의 충돌	박은정
	③	파나두라 논쟁, 불교와 기독교의 논쟁	담마끼띠
38회	미국불교를 다시 보다 (2024.7.)		
	①	역사적 흐름을 통해본 미국불교	김형근
	②	미국불교를 움직이는 유대인 불교도들	진우기
	③	무엇이 미국불교를 강하게 키웠을까? 명상과 과학	혜주 스님
39회	티베트 불교가 가르치는 죽음의 지혜 (2024.8.)		
	①	티베트 사자의 서가 가르치는 죽음의 의미	심혁주
	②	티베트 불교가 가르치는 죽음의 생생한 과정	박은정
	③	죽음을 준비하는 티베트 불교 수행법	설오 스님

40회	불교의 근본을 생각하다 (2024.10.)		
	①	티베트 불교에서 무엇을 배울까	청전 스님
	②	불교고전에서 배우는 삶의 지혜	원철 스님
41회	지금 불교는 어디로 가고 있나 (2024.10.)		
	①	탈종교 시대, 변화하는 종교만이 살아남는다	성해영
	②	철학으로서 불교는 죽었는가?	홍창성
42회	어떻게 살 것인가 (2024.10.)		
	불교도들은 지금 무엇을 해야 하는가		법륜 스님
43회	새로운 불교를 생각하다 (2024.11.)		
	①	교육현장에서 바라본 한국 승가교육의 변화방향	금강 스님
	②	불상의 불교에서 불경의 불교로	이종표
44회	수행과 건강한 일상 (2024.11.)		
	①	인공지능의 시대, 붓다의 가르침	자현 스님
	②	현대인의 불안과 불교정신치료	전현수
45회	불교란 무엇인가? (2024.11.)		
	①	질문을 던지는 것이 불교 공부다	강성용
	②	한국불교의 교학연구 어디로 가야하나	권오민

지혜나눔 강연

1회	2019.2.	고전 서유기로 보는 불교와 도교의 수행 세계와 우주관	성태용
2회	2019.3.	일본 열도에 세워진 또 다른 백제	이영철
3회	2019.4.	사상의학으로 알아보는 나의 건강 코드	김용진
4회	2019.5.	히말라야를 넘어 세계불교가 된 달라이 라마의 정신	청전 스님
5회	2019.6.	처음 만나는 북유럽 신화	이경덕
6회	2019.8.	〈한일 경제전쟁 긴급 진단〉	
		① 3.1 운동 100주년에 자행된 아베 정권의 도발	최배근
		② 분단 70년의 터널 끝에 선 냉전 구조 해체의 실루엣	조성렬
		③ 일본 우경화의 역사와 아베의 꿈, 헌법개정!	남기정
7회	2019.9.	기쁨의 세포를 춤추게 하라!	재마 스님
8회	2019.10.	불교의 중도 이념과 대한민국	윤성식

불광미디어 www.youtube.com/@bulkwangc

내용	날짜
유튜브 채널 개설	2011. 2.
구독자 1만명 돌파	2019. 11.
구독자 2만명 돌파	2020. 4.
구독자 5만명 돌파	2021. 10.
구독자 10만명 돌파	2023. 6.
구독자 15만명 돌파	2024. 10.
2024. 10. 총 구독자 150,150여 명 / 콘텐츠 수 1,600개	

붓다빅퀘스천 www.youtube.com/@BuddhaBigQ

내용	날짜
유튜브 채널 개설	2022. 11.
구독자 1,000명 돌파	2022. 12.
구독자 5,000명 돌파	2024. 1.
2024. 10. 총 구독자 7,870여 명 / 콘텐츠 수 224개	

불광미디어 www.facebook.com/bulkwang

내용	날짜
페이스북 개설	2010. 11.
팔로워 10,000명 돌파	2017. 12.
팔로워 15,000명 돌파	2019. 12.
2024. 10. 팔로워 18,170여 명	

월간 불광 www.facebook.com/m.bulkwang

내용	날짜
페이스북 개설	2012. 2.
팔로워 3,000명 돌파	2019. 12.
팔로워 5,000명 돌파	2020. 8.
2024. 10. 팔로워 7,020여 명	

불광미디어 www.instagram.com/bkbooks79

내용	날짜
인스타그램 개설	2017. 1.
팔로워 5,000명 돌파	2021. 8.
팔로워 10,000명 돌파	2023. 11.

2024. 10. 팔로워 10,830여 명

월간 불광 www.instagram.com/monthly_bulkwang

내용	날짜
인스타그램 개설	2019. 3.
팔로워 1,000명 돌파	2020. 1.
팔로워 3,000명 돌파	2022. 10.

2024. 10. 팔로워 4,700여 명

불광출판사 네이버 밴드 band.us/band/64008627

내용	날짜
밴드 개설	2016. 12.
멤버 5,000명 돌파	2018. 5.
멤버 10,000명 돌파	2024. 9.

2024. 10. 멤버 10,210여 명

월간 불광 네이버 스마트스토어 smartstore.naver.com/monthlybulkwangshop

내용	날짜
네이버 스마트스토어 개설	2022. 3.

2024. 10. 판매등록 상품 수 47건

- 불광 카카오톡 채널: 4,100명 참여
- e-mail 뉴스레터: 매주 33,000여명 서비스

월간 「불광」 구독 안내

월간 불광(佛光)**은** 1974년 창간 이래 단 한 권의 결호 없이 50년을 이어오고 있습니다.

월간 불광(佛光)**은** 전통성과 전문성을 지켜오며 한국불교를 대표하는 고승과 각 분야의 전문가를 통해 다양한 시각의 불교를 조명해왔습니다.

월간 불광(佛光)**은** 한 가지 주제를 단행본의 깊이로 매거진에 담으며 불교를 바로 알리기 위해 앞장서고 있습니다.

___ 정기구독으로 매월 품격 놓은 불교를 만나 보실 수 있습니다. ___

| 정기구독 | 종이책 1년(12권) | ~~144,000원~~ → 108,000원 |

● 정기구독 시 구독료가 25% 할인됩니다.

| 전화 **02-420-3200** | 온라인 **www.bulkwang.co.kr** |

계좌번호 **신한은행 140-011-217220** 또는
농협 301-0420-3200-71 (예금주 (주)불광미디어)

정기구독 연장 시 보너스북 증정

아래 기재된 도서 중 1권을 선택하여 '010-4394-3200'으로 〈구독자명〉, 〈도서명〉을 문자 보내주시면 매월 10일경에 발송됩니다.

깨달음이 뭐라고
고이데 요코 지음 | 정현옥 옮김

불교의 지향점인 '깨달음'에 관해 30대 여성 불자와 일본 불교를 대표하는 여섯 스님이 나눈 대화를 엮은 책

낡아가며 새로워지는 것들에 대하여
원철 지음

5년간의 답사와 고증을 바탕으로 60여 개의 장소와 100여 명의 이야기로 낡아가는 것은 우리의 생각일 뿐, 세상과 시간은 언제나 새롭다는 사실을 일깨우는 산문집

내가 여기 있어요
크리스토프 앙드레 지음 | 안혜린 옮김

위로에 관한 책이 아닌 위로를 받고 싶은 사람과 위로를 주고 싶은 사람에게 도움을 주는 가이드이자 위로의 원천이 될 수 있는 책

불교기도문
동명 지음

평소 기도하고 싶어도 어떻게 해야 하는지 방법을 몰라서 실천하지 못하는 사람들, 왜 자신의 기도는 매번 이루어지지 않는지 답답한 사람들을 위한 실용 불교 기도집

사유하는 기쁨
선일 지음

사색이 일상인 선일 스님과 함께 사유를 통해 개인의 수행은 물론, 더 나은 세상을 만드는 길에 마음을 좀 더 기울여볼 수 있는 사색집

영성이란 무엇인가
필립 셸드레이크 지음 | 한윤정 옮김

세상을 바꾸고 이끌어 가는 리더들이 갖추어야 할 필수 자질이자 핵심 역량으로 평가되는 영성의 의미와 가치, 역사를 일목요연하게 정리한 일종의 '영성 교과서'

이 뭐꼬? 이것뿐!
월호 지음

허깨비 같은 현실에서 벗어나 고통으로부터 해탈하는 세 가지 처방을 권한다. 근심 걱정에서 벗어나기 위한 '아바타 명상', 자존감 회복에 특화된 '바라밀 명상', 일생의 평화를 원하는 이들을 위한 '행불 명상'

작은 빛 하나가(어린이)
캇 예 지음 | 이자벨 아르스노 그림 | 황유진 옮김

어떤 어둠과 맞닥뜨리든 언제나 희망이 있고 작은 빛으로도 자기 앞의 세상으로 충분히 나아갈 수 있다고 말하며 아이의 내면에 긍정적인 마음을 심어 주는 다정한 안내서

죽음은 내 인생 최고의 작품
페마 초드론 지음 | 이재석 옮김

죽음에 대한 두려움이 아닌 호기심으로 죽음을 맞이하는 방법을 함께 배워보고, 삶의 태도로 죽음을 바꿀 수 있다는 당부를 전하는 책

월간 「불광」, 나누고 함께하면 행복이 커집니다

전국에는 군법당 128곳, 병원 414곳, 교정기관 58곳, 대학교(대불련) 100여 곳이 있습니다.
이 중 월간 「불광」을 받는 곳은 100여 곳(14%)에 불과합니다.
월간 「불광」은 문서 포교의 시발점이자 불교 대중화의 선두에 있습니다.
불교 안팎의 모든 이들에게 도움이 되는 삶의 지혜와 감동을 전할 수 있도록
불자님들의 후원을 기다립니다.

정기후원	지정·미지정	월9,000원(1년 108,000원)

● 후원처를 희망하시는 곳으로 지정할 수 있습니다.
● 일시후원 및 기업후원은 문의 바랍니다.

전화 02-420-3200	온라인 www.bulkwang.co.kr

계좌번호 **신한은행 140-011-217220** 또는
농협 301-0420-3200-71 (예금주 (주)불광미디어)